おしゃカワガールになるには？

おしゃれでかわいくて、いっしょにいると楽しい！　だれもがあこがれるおしゃカワガールになるには、外見と内面の両方をみがくことが大切！　5つのLessonでおしゃカワガールになっちゃお♪

Lesson1
ファッションセンスをアップ！

おしゃれがもっと楽しくなる、コーデのポイントや自分に似合うスタイルの選びかたを教えちゃうよ♪

Lesson2
ヘアアレンジでもっとかわいく♥

かんたん＆かわいいヘアアレテクを大紹介♪　自分に似合うヘアスタイルの見つけかたもわかっちゃう！

Lesson3
パーツ＆ボディケアでキレイに★

スキンケアやボディケア、ネイルケアで、自分をピッカピカにみがこ！　体を引きしめるエクササイズも紹介♪

Lesson4
ソシアルマナーを身につけよう

まわりの人に「ステキ」って思われるふるまいやマナーをおぼえて、内面をみがいちゃおう♪

Lesson5
ハートケアで大人に近づく！

生理や下着、ココロの悩みなど、大人の女性になるための体と心の変化をきちんと知ろう♪

本を読み終わるころにはおしゃカワガールに大変身してるはず♪

プロローグ　おしゃカワガールになりたいっ！……2

Lesson1 めざせ、おしゃれマスター!! ファッションセンスレベルアップ大計画

「おしゃれ」してみたいな♪……12

ステップ1 ファッションのルールをおぼえよう……14
- 色のバランスをととのえよう……16
- 柄をじょうずにとり入れよう……20
- シルエットを意識してみよう……24
- 小物をうまく活用しよう……26

めちゃカワ♥小物カタログ……27

ステップ2 自分にぴったりのスタイルを見つけよう……30
- ガーリースタイル……32
  - ・レトロ……34
  - ・フェアリー……35
- ポップスタイル……36
  - ・マリン……38
  - ・スポMIX……39
- カジュアルスタイル……40
  - ・アメカジ……42
  - ・プレッピー……43
- クールスタイル……44
  - ・ロック……46
  - ・ミリタリー……47

ステップ3 じょうずに着まわすコツを知ろう……48
- ガーリースタイル…48／ポップスタイル…52
- カジュアルスタイル…56／クールスタイル…60

ステップ4 体型のお悩みをコーデで解決しよう……64
- 背が低い…64／背が高い…65／ぽっちゃりしている…66
- やせすぎている…67／顔が大きい…68／脚が太い…69
- 肩幅ががっちり…70／おなかがぽっこり…71

ステップ5 もう失敗しない！買いものマスターになろう……72

ファッションのお悩みQ&A……76

Lesson2 おしゃれレベルがアップする♪

ヘアスタイル&アレンジまるわかりこうざ

	ヘアアレでプチイメチェン☆	80
ステップ1	どんなヘアスタイルが似合うかチェックしよう	82
	丸顔さんにおすすめのヘアスタイル	84
	たまご顔さんにおすすめのヘアスタイル	85
	ベース顔さんにおすすめのヘアスタイル	86
	逆三角顔さんにおすすめのヘアスタイル	87
	ヘアサロンに行ってみよう！	88
ステップ2	前髪をカットしてもっとおしゃれになろう	90
	めちゃカワ♥前髪カタログ	92
ステップ3	毎日使える！ 基本のヘアアレンジをマスター	96
	基本のヘアアレ① ピンどめ	98
	基本のヘアアレ② ひとつ結び（ポニーテール）	102
	基本のヘアアレ③ ふたつ結び（ツインテール）	106
	基本のヘアアレ④ みつあみ	110
	基本のヘアアレ⑤ あみこみ	114
ステップ4	髪のお悩みをヘアアレで解決しよう	118
	くせ毛でまとまりづらい…118／ボリュームがあって広がる…120	
	ぺしゃんこでさびしい印象…122／ショートでもアレンジしたい！…124	
	前髪を切りすぎちゃった！…127	
ステップ5	イベントに合ったヘアアレをマスターしよう	128
	セレモニー…129／おけいこ…130／運動会…131	
	遠足・修学旅行…132／おまつり…133	
	誕生日会…134／結婚式…135	
ステップ6	ヘアアイロンでもっとアレンジを楽しもう	136

Lesson3 毎日のケアがキレイの第一歩！

パーツ&ボディケア入門

	きちんとケアでキレイをゲット！	140
ステップ1	肌をうるふわにするスキンケアをマスター	142
	正しい洗顔をマスターしよう	144
	化粧水&乳液で保湿しよう	146

ＵＶケアで白焼け対策しよう ・・・・・・・・・・・・・・・・・・ 148
肌トラブルレスキュー隊！ ・・・・・・・・・・・・・・・・・・・ 150
ニキビをなんとかしたい！・・・150／肌があぶらっぽくてテカテカ・・・152
肌が乾燥してカサカサ・・・153
スキンケアのお悩みＱ＆Ａ ・・・・・・・・・・・・・・・ 154

ステップ2　つるぴかボディのためのケアをおぼえよう ・・・・・・・・ **156**
正しいお風呂の入りかた ・・・・・・・・・・・・・・・・・・・・ 157
体もしっかり保湿しよう ・・・・・・・・・・・・・・・・・・・・ 159
においケアを大切に ・・・・・・・・・・・・・・・・・・・・・・ 160
ムダ毛は正しく処理しよう ・・・・・・・・・・・・・・・・・・ 161

ステップ3　毎日のヘアケアで髪の健康を守ろう ・・・・・ **162**
正しいシャンプーをおさらい ・・・・・・・・・・・・・・・・ 164
ドライヤーできちんとかわかそう ・・・・・・・・・・・・ 166
ブラッシングでサラサラヘアに！ ・・・・・・・・・・・・ 168
ヘアケアのお悩みＱ＆Ａ ・・・・・・・・・・・・・・・・・ 169

ステップ4　ネイルケア＆アートでキレイ＆かわいい指先に！ ・・・・ **170**
めちゃカワ♥ネイルアートカタログ ・・・・・・・・・・ 174

ステップ5　特別な日に♥　かんたんメイク術 ・・・・・・・ **176**

ステップ6　ステキボディになるルールをおぼえよう ・・・・・・ **180**
キレイになる食事のとりかた ・・・・・・・・・・・・・・・・ 182
コーディネーション能力をアップさせよう ・・・・・ 185
体を引きしめるシェイプアップ ・・・・・・・・・・・・・・ 186

Lesson4　内面をみがいてステキ女子に！

ソシアルマナーでココロ美人大作戦

めざせ！　ココロ美人♥ ・・・・・・・・・・・・・・・・・・・ 194

ステップ1　キレイな姿勢を意識しよう ・・・・・・・・・・・ 196
ステップ2　美しいふるまい、マナーを身につけよう ・・・・・・・・・・ 200
シーン別のマナーを身につけよう ・・・・・・・・・・・・ 202
ステップ3　食事のマナーをマスターしよう ・・・・・・ 206
キレイな食べかたをおぼえよう ・・・・・・・・・・・・・・ 207
ステップ4　メールや手紙で気持ちを伝えよう ・・・・ 210
メール＆手紙のお悩みＱ＆Ａ ・・・・・・・・・・・・・・・ 213

Lesson5 気になる「ナゼ&ナニ」にお答え！
大人女子になるためのハートケア事典

	むずかしいけど大切なこと	216
ステップ1	成長のあかし生理について学ぼう	218
	生理のお悩みQ&A	222
ステップ2	体の成長に合った下着を選ぼう	224
	下着のお悩みQ&A	228
ステップ3	自分のココロとじょうずにつき合おう	230
	ココロのお悩みQ&A	232

★特別付録★
巻末 ファッションきほん用語辞典

登場人物紹介

ハルトくん

リンカ
小学6年生のお姉さんで、みんなのあこがれ♪ ふたりにおしゃカワになるヒケツを教えてくれるよ♥

ホノカ
小学5年生の女の子。同じクラスのハルトくんのことが好き♥ おしゃれがわからず悩み中……。

ミオ
ホノカの心友★
ボーイッシュって思われがちだけど、本当はおしゃれに興味しんしん！

Lesson1

めざせ、おしゃれマスター!!
ファッションセンス

ステップ1 ▶14ページ
ファッションのルールをおぼえよう

これだけはマスターしたいファッションの基本テクを紹介するよ♪

ステップ2 ▶30ページ
自分にぴったりのスタイルを見つけよう

自分に似合うのはどんなコーデ？ 4つのスタイルから選ぼう！

レベルアップ大計画

ステップ3 ▶48ページ
じょうずに着まわすコツを知ろう

少ない洋服をじょうずに着まわして、おしゃれ上級者になっちゃおう！

ステップ4 ▶64ページ
体型のお悩みをコーデで解決しよう

「脚が太い」「顔が大きい」などのお悩みを解決するコーデテクを紹介！

ステップ5 ▶72ページ
もう失敗しない！買いものマスターになろう

買いもので失敗したことがある子必見！ かしこい買いかたを伝授するよ♪

ステップ 1 ファッションのルールをおぼえよう

おしゃれを楽しむためには、ファッションの基本ルールをおさえておくことが大切♪　5つのルールをマスターしよっ♥

まずは おぼえておきたいファッション用語

小物
バッグや帽子、アクセサリー、ヘアアクセなど、洋服以外のアイテムのことだよ。

ボトムス
下半身に身につける服のことだよ。ジーンズやスカートなどがある！

くつ
スニーカーやブーツ、パンプス、サンダルなどがあるよ。くつ下と組み合わせて考えてみよう。

アウター
コートやジャケットなど、トップスの上にはおる服のことだよ。

トップス
上半身に身につける服のこと。Tシャツやシャツ、ブラウスなどをさすよ。

これもチェック！

コーデ
洋服を組み合わせて着ることを、コーディネート、略して「コーデ」というよ。じょうずにコーデできると、おしゃれ上級者さんになれるの！

ワンピース
トップスとスカートがつながった服のことだよ。1枚でバランスのよいコーデが完成するの！「ワンピ」と略されることもあるよ♪

14

おしゃれになれるコーデの5ルール

LESSON ①
ファッション

ルール1 色のバランスをととのえよう

同じ形、柄の服でも、色がちがうと印象がガラッと変わるよ。色をじょうずに選んだり、組み合わせられるようになると、思うようにコーデできるようになるの♪

➡16ページへ

ルール2 柄をじょうずにとり入れよう

ボーダー、水玉、カモフラ（迷彩）などなど、服にはいろいろな柄があるよね。柄をじょうずにとり入れられるようになると、おしゃれレベルがグンとアップするよ♪

➡20ページへ

ルール3 シルエットをつくってみよう

コーデしたときに、トップスやボトムスなどが形づくった全身のラインのことを、シルエットというよ。4つのシルエットをマスターすると、コーデで理想の体型に近づけられるの。

➡24ページへ

ルール4 小物をうまく活用しよう

服に合わせて、アクセやバッグなどの小物をバランスよく身につけられると、おしゃれをもっと楽しめるようになるよ♪ お気に入りの小物を見つけて、コーデにとり入れてみよう。

➡26ページへ

ルール5 スタイルを意識しよう

女の子っぽくてかわいい、カラフルで元気など、服にはイメージ別に分けた「スタイル」があるの。なりたいスタイルを意識してコーデすると、グッとまとまるよ♪

➡30ページへ

スタイルはあとでくわしく紹介するよ♪

15

色のバランスをととのえよう

なりたいイメージに近づくための色の使いかたをマスターしよう！

　色かぁ。いつも好きな色の洋服を着ちゃうな。
　ピンクとかオレンジとか、赤とか……。

　もちろん、好きな色の洋服を着るのがいちばんだよね！
　でも、**色がもつイメージを知ってじょうずに組み合わせると**、
　おしゃれレベルがグンとアップするのよ♪
　たとえば、ホノカちゃんがよく着ている赤やオレンジは、
　コーデを元気なイメージにしてくれるの。

　なるほど〜！
　わたしはクールなイメージに挑戦したいな♪

オキテ 1　色の分けかたを知ろう

色は大きく分けて、あたたかいイメージの「暖色」と、すずしいイメージの「寒色」の2種類があるよ。同じグループの色を使うと、コーデがまとまりやすいの！

暖色	寒色
赤	青
黄	緑
ピンク	むらさき
茶	
オレンジ	ネイビー

黒と白はどんな色にでも合わせられる万能カラー！　色の組み合わせに迷ったときは、どちらかを使うとコーデがパキッとまとまるよ。

万能カラー

黒　　白

オキテ2 なりたいイメージに合わせて色を選ぼう

コーデするとき、色をたくさん使いすぎるとごちゃごちゃした印象になっちゃうよ。
まずは、いちばんたくさん使う色**メインカラー**を1色選んでみよう！　好きな色を選んでもいいけど、**メインカラーはコーデ全体の雰囲気を決める**から、それぞれの色がもつイメージを知っておくと、思うようにコーデできるよ☆

LESSON 1 ファッション

色がもつイメージの見本

黒
万能カラーのひとつ。コーデを引きしめて、クールでカッコいい印象にしてくれるよ。

白
万能カラーのひとつ。大人っぽい服にもかわいい服にも合わせやすいよ！

赤
インパクトがあって力強い印象のカラー。元気なコーデにしたいときにぴったり★

青
クールにまとめたいときや、さわやかに決めたいときにおすすめだよ。

黄
元気でスポーティーな色だよ。アウトドアなど、外で遊ぶときにとり入れよう。

緑
植物をイメージする、いやしのカラーだよ。見ているだけでリラックスできそう！

ピンク
女の子っぽさ満点のキュートなカラー。ふんわり&かわいくしたいときに♥

紫
大人っぽくて高級なイメージ。ちょっぴりお姉さん気分になりたいときに！

茶
落ちついた印象を与えられるよ。アース（地球）カラーと呼ぶこともあるの。

オレンジ
明るくて元気なイメージ。とり入れると、ポジティブな気持ちになれちゃうかも！

17

オキテ3 メインの色にサブカラーを合わせよう

メインカラーを決めたら、いよいよ色を組み合わせるよ！
コーデの色は3つくらいでまとめるのがベスト。
2番目に使う**アソートカラー**と、ポイントで使う**アクセントカラー**を選んでみよう♪
おすすめの色の組み合わせをちょっとだけ紹介するよ★

色がもつイメージの見本

見方

メインカラー / アソートカラー / アクセントカラー

かわいい♥

黄緑 / 黄色 / ピンク
あわい黄緑と黄色に、ピンクでかわいさをプラス。やさしい印象に。

ピンク / 白 / 水色
女の子っぽいピンクに白や水色をたして、ふんわりおまとめ！

白 / 水色 / オレンジ
白と水色ですずしげに、オレンジをたして明るさをプラスしたよ。

かっこいい!!

黒 / ネイビー / 黄色
カッコいい黒とネイビーをメインに、黄色をプラスしてスパイシーに★

紫 / 黒 / ピンク
大人っぽい紫に黒とピンクをたして、ちょっぴりセクシーに！

ナチュラル

黄緑 / オレンジ / グレー
やさしい黄緑には、オレンジとグレーがなじみやすいよ！

オレンジ / 白 / 茶色
オレンジはうすめをチョイス。白や茶を合わせて落ち着いた印象に。

ポップ★

黄色 / 青 / 白
元気いっぱいな黄色に、さわやかな青をプラス。白でコーデをまとめて。

赤 / ネイビー / 黄色
情熱的な赤には、デニムを合わせるとバランス◎。黄色を差し色に。

個性的♪

黒 / 赤 / 黄色
クールな黒をベースに、ビビッドな赤と黄色をたすと個性的に！

水色 / 赤 / 青
さわやかライトブルーをメインに、赤と青をたして夏っぽく！

まとめ 色を組み合わせてコーデしてみよう

LESSON 1 ファッション

青 / 白 / 赤

トリコロールでテッパン夏マリンが完成☆

白 / 黒 / ピンク

ギンガムチェックが主役の甘カジュアルコーデ♥

Point!
赤×青×白は「トリコロール」とよばれる定番の配色。夏っぽくポップにまとまるよ。

Point!
白トップスとギンガムチェックのカジュアルなコーデを、ピンクで女の子っぽくシフト！

柄をじょうずにとり入れよう

柄のあるアイテムは、ルールを知ってカッコよく着こなしちゃおう★

柄かぁー。合わせるのがむずかしそうだから、いつも無地の洋服を着ちゃうなぁ……。

もったいないっ。柄ものは1枚でおしゃれさんになれる**センスアップアイテム**だよ♪
柄のイメージや合わせかたのルールを勉強して、おしゃれをもっと楽しんじゃお！

オキテ1 身につけたい柄を選ぼう

柄のイメージで選ぶ

たくさんの柄から身につけたい柄を選ぶのはむずかしいよね。まずは、柄がもつイメージを知ることが大切！ 自分がどんな印象になりたいかを決めて柄を選べるようになると、コーデのはばが広がるよ★

柄は特別付録でも紹介してるよ♪

たとえば…

チェック
カジュアルな印象。親しみやすさがアップ！

ドット
ポップで楽しい雰囲気になるよ。

ストライプ
シャープな印象で、大人っぽくなるよ。

アニマル
ちょっぴり個性的で、楽しいイメージに♪

季節から選ぶ

ファッション誌を見ていると、季節によって着ている服の柄も変わっているのがわかるはず！　春夏秋冬、それぞれに合う柄をいくつか紹介するから、柄も「衣がえ」しちゃおう♪

> たしかに、夏のノルディックや冬のボタニカルはちぐはぐに見えるかも……。

LESSON 1　ファッション

春におすすめ

 花

 ギンガムチェック

夏におすすめ

 ストライプ

 ボタニカル

秋におすすめ

 タータンチェック

 カモフラ（迷彩）

冬におすすめ

 ノルディック

アーガイルチェック

シーンから選ぶ

レジャーとセレモニーでは、着たい服の印象はちがうよね。今日の予定に合わせて、どんなイメージのコーデにまとめるかを考え、適した柄を選ぼう！

> 時と場所に合った柄を選ぶのも大切なんだね！

通学におすすめ

チェック / ボーダー

おでかけにおすすめ

星 / アニマル

セレモニーにおすすめ

ストライプ（細め） / レース

21

オキテ2 柄×無地でコーデしてみよう

まずは、失敗しにくい柄と無地の組み合わせに挑戦してみよう！
色のイメージも合わせて考えると、コーデが楽しくなるよ♪

> 花柄スカートで
> ガーリーにおまとめ♥

柄トップス×無地ボトムス

ボーダーT ＋ ショートパンツ ＝

デニムのショートパンツは、どんな柄にも合わせやすいアイテム。

無地トップス×柄ボトムス

セーラーT ＋ 赤チェックスカート ＝

チェックスカートにえりつきTを合わせて、スクール風に★

無地コーデ×柄小物

シンプルコーデ ＋ 星柄小物 ＝

シンプルな無地のコーデには、ハデな星柄を合わせてはなやかに！

オキテ3 柄×柄の上級コーデにチャレンジ！

LESSON 1 ファッション

ちがう柄のアイテムを組み合わせる、上級コーデにチャレンジ！
色や雰囲気を合わせたり、柄をポイント使いするのがおすすめ★

花×ストライプ

ドット×星柄で元気いっぱいに♪

ハデな花柄スカートには、キレイめシャツがベストマッチ！ トップスをINしてすっきり見せ。

ボーダー×カモフラ（迷彩）

カジュアルな印象の、ボーダーとカモフラの組み合わせ。柄どうしの雰囲気を合わせるとまとまるよ。

ケーブル×チェック

片方を白にするとグンと合わせやすくなるの！ 柄の季節感をそろえることも大切だよ。

チェック×アニマル

ハデめなアニマル柄は、ポイント使いするのが◎！ 色みをおさえれば、大人っぽく着れちゃうよ♪

ストライプ×ボーダー

タテ、ヨコがまじるむずかしいコーデだけど、ラインの太さを変えれば着こなしやすくなるよ♪

シルエットを意識してみよう

服をじょうずに組み合わせて、理想のラインをつくってみよう！

ふんわり＆ガーリーな印象に♥

ほっそりモデルスタイルに!?

Aライン

上半身はすっきり、下半身をふんわりさせた、アルファベットの「A」のようなすそ広がりのシルエット。やさしくてガーリーな印象になるよ。

Iライン

アルファベットの「I」のように、タイトな服を着て、全身を細く長く見せるシルエット。スタイリッシュで大人っぽい印象になるよ。

シルエットは理想のスタイルに見えるように、洋服を使って全身の"ライン"をつくることだよ。シルエットをマスターすると、気になる体型をカバーしてスタイルをよく見せられるから、ぜひチャレンジしてみて♪

LESSON ① ファッション

やせすぎ体型をカバーできる！

ウエストをキュッと細見せ★

Yライン

アルファベットの「Y」のように、トップスにボリュームをつくり、ボトムスをすっきりさせたシルエット。なで肩ややせすぎが気になる子に◎！

Xライン

ウエストをキュッとしぼった、アルファベットの「X」のようにくびれがあるシルエット。メリハリができて、女性らしくはなやかな印象になるよ♪

25

小物をうまく活用しよう

おしゃれをもっと楽しめる、小物の合わせかたをレクチャー！

帽子やアクセ、バッグなどなど、かわいい小物って見てるだけでときめいちゃうよね♥
小物はファッションをはなやかにしてくれるから、 積極的にとり入れていこー！

お気に入りの帽子をもっとかわいくかぶりたいな。小物のルール、教えてくださいっ！

小物を身につけるときのルール

ルール1 全身のバランスを見ながら選ぶ

コーデと同じように、小物にもスタイルがあるよ。鏡を見ながら、元気コーデにはキャップ、女の子っぽいコーデにはネックレスなど、コーデの雰囲気に合った小物をたしていこう。

ルール2 シーンに合った小物をチョイス

おでかけ先や季節に合った小物を選ぶことも重要だよ！ セレモニーでリュックサックを背負ったり、夏に厚手のニット帽をかぶったりすると、コーデがちぐはぐになっちゃうよ。

ルール3 つけすぎはNGだよ！

かわいいからといって、小物をつけすぎるとごちゃごちゃした印象になっちゃうよ。2～3個くらいにする、同系色でまとめる、シンプルなものを選ぶなどを意識してね。

めちゃカワ♥小物カタログ

帽子

キャップ
前につばがついている帽子のこと。カジュアルからポップまで、どんなコーデにも合う万能アイテムだよ★

カンカン帽
ストロー素材（麦わらであんだもの）でつくられているよ。夏におすすめで、大人ガーリーなコーデにぴったり！

中折れハット
ソフトハットとも呼ばれる、頭頂部の中央がタテに折りこまれた帽子だよ。大人っぽい雰囲気になれちゃう！

キャスケット
頭部が大きく、前に短いつばがついた帽子のこと。カジュアルなコーデにぴったり！ 小顔効果もあるよ★

ニット帽
毛糸であまれた帽子のことで、秋～冬におすすめ！ 色や柄によって、カジュアルにもクールにも着こなせるよ。

ベレー帽
やわらかい素材でできている、丸くて平らな帽子のこと。アーティスティックな雰囲気になりたい子にぴったり！

LESSON 1 ファッション

27

アクセサリー

ネックレス
首用のアクセサリー。チャームつきのものを「ペンダント」、首の太さくらいの長さのものを「チョーカー」と呼ぶよ。

リング
指につけるアクセサリー。親指につけるものを「サムリング」、小指につけるものを「ピンキーリング」と呼ぶことも！

ブレスレット
うでにつけるアクセサリーのこと。うで時計といっしょにつけたり、2～3本を重ねづけするとかわいい♥

イヤリング
耳につけるアクセサリーのこと。大きめのものだとはなやかに、小さめのものだとせいそなイメージになるよ！

ブローチ
うらに安全ピンやクリップがついている、洋服や小物につけられるアクセサリー。ファッションのアクセントになるよ★

メガネ
いつもと雰囲気を変えたいときは、メガネがおすすめ。度が入っていない「だてメガネ」なら、だれでも挑戦できるよ★

バッグ

ショルダーバッグ
片方の肩にかけて持ち運ぶバッグのことだよ。サイフくらいの小さなサイズのものは「ポシェット」と呼ばれることも！

リュックサック
両肩で背負うタイプのバッグ。もともとは登山で使えるようにつくられたバッグで、とくにカジュアルなコーデと相性ばつぐんだよ。

クラッチバッグ
持ち手がついていない、片手で抱えるタイプのバッグだよ。とくに大人っぽいコーデやガーリーなコーデにぴったり♪

ヘアアクセ

ヘアゴム
髪を結ぶゴムのこと。かざりがついているものは「かざりゴム」と呼ばれるよ。ファッションに合わせてかざりを選んでね★

ピン
髪をとめるピンのこと。針金を折りたたんだような「アメリカピン」、パチンととめる「スリーピン（パッチンどめ）」などがあるよ。

カチューシャ
頭にはめるタイプのヘアアクセ。はなやかで女の子っぽい雰囲気になるよ。「カチューム」は、後ろがゴムになっているもののこと。

LESSON 1 ファッション

ステップ2 自分にぴったりのスタイルを見つけよう

自分に合うスタイルがわかると、コーデにまとまりができて、おしゃれをもっと楽しめるようになるよ♪

おすすめスタイル診断

自分にぴったりなスタイルをチェック！
Q1からスタートしてね♪

Q1
黒や紫より
黄色やピンクが好き♥

はい→Q2へ
いいえ→Q3へ

Q2
やさしい色みの
パステルカラーが
気になる！

はい→Q7へ
いいえ→Q4へ

Q3
タイトな服より
ゆったりとした
服を選ぶことが多い

はい→Q7へ
いいえ→Q6へ

Q4
柄やロゴ入りの
アイテムが気になる！

はい→Q8へ
いいえ→Q5へ

Q5

ついつい
デニム生地の服に
注目しちゃう

はい→Q8へ
いいえ→Q6へ

Q6

まわりから
大人っぽいねと
言われたことがある

はい→クールスタイルへ
いいえ→Q7へ

LESSON ① ファッション

Q7

フリルやレースが
ついた服を
2着以上持っている

はい→ガーリースタイルへ
いいえ→Q8へ

Q8

家にいるより
外で遊びたい！

はい→ポップスタイルへ
いいえ→カジュアルスタイルへ

診断結果

あなたにおすすめのスタイルはコレ！　くわしくは、それぞれの
タイプのページをチェックしてみて♪

ガーリースタイル のあなたは…

女の子っぽいフリルやレースなどのモチー
フにときめいちゃうあなたには、甘いガー
リースタイルがおすすめだよ♥

➡32ページへ

ポップスタイル のあなたは…

外で遊ぶのが大好き！　元気いっぱいなあ
なたは、カラフルなアイテムやおしゃれな柄
をとり入れたポップスタイルがぴったり！

➡36ページへ

カジュアルスタイル のあなたは…

ナチュラルな雰囲気が好きなあなたには、
ラフでおしゃれな、ほっこりかわいいカジ
ュアルスタイルがベストマッチ★

➡40ページへ

クールスタイル のあなたは…

同年代の子より大人っぽい雰囲気をもって
いるあなた。ちょっぴりセクシーなクール
スタイルに挑戦してみよう！

➡44ページへ

ガーリースタイル
Girly Style

ふんわりかわいい 女の子っぽい甘コーデ

パステルカラー、フリルやレース、リボン、花柄など、女の子っぽいアイテムが好きな子にぴったりのスタイルだよ。お姫さま気分になって、甘くまとめちゃおう♥

春
リボン×花柄×フリルでかわいいを全部つめこんだよ♥

コーデの Point ♥

スカートやワンピースで女の子っぽさをプッシュしよう！　色は、暖色やパステルカラーをチョイスしてね。シルエットはAライン（24ページ）を意識すると◎。

原色は使わずに、やさしいカラーでまとめるのがコツだよ♥

夏 ふんわりかわいい バルーンスカートが主役♪

秋 赤チェックスカートで優等生ちっくに決め★

冬 ふわふわファーコートでレオパード柄もかわゆく♥

LESSON ① ファッション

ガーリーのおすすめアイテム

アウター

ファーコート
ふわふわのファー生地のコート。短め丈がおすすめだよ！

トップス

ブラウス
えりつきのシャツ。そでがふくらんだパフスリーブがイチオシ♥

ボトムス

チュールスカート
チュールレースがついた、ふわっとしたシルエットのスカートだよ。

シューズ

パンプス
エナメルのカラーパンプスで、コーデにアクセントをくわえよう！

アクセ

シュシュ
ヘアアクセだけど、うでに通してブレスレットにしてもOK！

33

レトロ
Retro Girly

ガーリーを1ランクアップ⤴⤴

甘くてポップな1960年代風コーデ

1960年代に流行った、ちょっぴり昔風のコーデをレトロスタイルというよ。テーマは甘ポップ！　個性的なファッションを楽しみたい子にイチオシのスタイルだよ❤

黒ネコ柄のワンピ×カラータイツでレトロ感アップ！

コーデのPoint ❤

柄ワンピは、1枚でレトロに変身できるアイテム。ナチュラルカラーをベースに、ハデな色をバランスよくたそう！　ベレー帽や丸メガネなどの小物も◎。

髪は、外ハネにしたりゆるくみつあみにするのがおすすめ！

ガーリーを1ランクアップ♪♪
フェアリー
Fairy Girly

パステルピンクでまとめて
ガーリー度120％に♥

LESSON ① ファッション

★ パステルカラー基調の ふんわり甘コーデ

ピンクやラベンダー系のパステルカラーでまとめた、妖精のようにふんわりと甘いスタイル。まるで夢や絵本の中から飛び出てきたような、乙女ゴコロをくすぐるファッションだよ♥

コーデのPoint ♥

同系色のパステルカラーでまとめちゃおう。アイテムは、すそが広がった「チュチュスカート」や、だぼっとしたスエット、ニーハイソックスなどがおすすめだよ。

動物モチーフの小物をとり入れてもかわいい♥

35

ポップ スタイル
Pop Style

夏
ビタミンカラーのTシャツにサロペを合わせて元気よく★

カラフルで元気いっぱいなコーデ

ビタミンカラーやネオンカラーを使った、カラフルで元気いっぱいなスタイルだよ★ 星や水玉など、柄ものの服や小物を積極的にとり入れて、ハデにまとめちゃおう！

コーデの Point ♥

パキッとした色と柄を、バランスよく組み合わせてみよう。元気なイメージにするために、手足は出して、髪はアップにするのがおすすめだよ♪

カラーは、アクセや帽子などの小物で投入してもOK！

LESSON 1 ファッション

春
1枚でポップになれちゃうお目立ちカラーアウター

秋
シャツを腰にまいてコーデにこなれ感をプラス♪

冬
星柄ダウンジャケットにカラータイツで冬でも元気♪

ポップのおすすめアイテム

アウター
ダウンジャケット
中に羽毛や綿がつまったもこもこダウン。カラーダウンがおすすめ。

トップス
ラグランT（ティー）
えりぐりからそで下まで切りかえが入ったTシャツのことだよ。

ボトムス
ショートパンツ
着まわし力ばつぐんなデニムのショートパンツ。オールシーズン使える！

シューズ
スニーカー
動きやすさナンバー1のシューズ！ スポーティーな印象になるよ★

小物
缶バッジ
服や、バッグなどの小物につけると、コーデがはなやかになるよ。

ポップを1ランクアップ♪♪
マリン
Marine Pop

白のセーラートップスに青と赤をたしてマリンガールに♪

水兵をイメージしたさわやかなコーデ

海外の水兵をイメージした、海にぴったりのさわやかなスタイル。えりがついたセーラートップスや、白×ネイビーのボーダー、赤白青のトリコロールを使ったコーデが定番だよ★

コーデのPoint ♥

白やネイビーを基調にして、赤をアクセントカラーにすれば王道マリンコーデの完成！ 船やいかりのモチーフが入ったアイテムもおすすめだよ。

トリコロールを意識するとラクにコーデがつくれるよ♪

ポップを1ランクアップ♪♪
スポMIX
Sports Mix Pop

LESSON 1 ファッション

ピンクのスポアイテム投入で やんちゃなのにかわいい♥

コーデにスポっぽさを投入！

ナンバーTシャツやジャージなどの「スポーツっぽい」アイテムをMIXしたスタイル。やんちゃで動きやすくて、女の子っぽい！ そんないいとこどりのファッションだよ★

コーデのPoint ♥

スポーツを連想する、ユニフォームみたいなナンバーTシャツやジャージ、キャップ、スニーカーなどのアイテムをとり入れるだけでOKだよ★

ポップコーデからかんたんにアップデートできちゃうんだね♪

カジュアル スタイル
Casual Style

動きやすいラフな 雰囲気のコーデ

グリーンやブラウンなどのアースカラーをとり入れた、ナチュラルなかわいさが魅力のスタイル。動きやすくて、「きっちりしていない」ラフさがほしい子におすすめだよ！

コーデの Point ♥

ほっこりしたかわいさがポイントだよ。オレンジやカーキなどのやさしい色をメインにコーデしてみよう。デニムを使うとばっちりまとまるよ♪

地味になりすぎないように、小物をじょうずに使ってね♪

秋

花柄ワンピにモッズコートを重ねて、ナチュラルかわいく♪

夏 トップスINで脚長効果をゲットしちゃお！

春 シンプルな組み合わせもサスペンダーがアクセントに★

冬 タイツとレッグウォーマーでダッフルをおしゃれに着こなそ♪

LESSON ① ファッション

カジュアルのおすすめアイテム

アウター

モッズコート
フードつきのカジュアルなコート。カーキ色がイチオシだよ★

トップス

シャツ
チェックやデニムのシャツがおすすめ！

ボトムス

ジーンズ
ジーンズは、オールシーズンはける最強の着まわしアイテム！

シューズ

スリッポン
くつひもや金具がついていない、シンプルなシューズだよ。

小物

ストール
サラッとまくだけでコーデをおしゃれにアップデート♪

41

カジュアルを1ランクアップ⇧⇧
アメカジ
American Casual

アメリカの学生をイメージ！

「アメリカンカジュアル」の略で、もともとはアメリカの大学生をお手本にしたスタイルだよ。ジーンズにチェックシャツやプリントTを合わせたコーデで、ほどよいラフさが魅力！

コーデのPoint ♡

定番アイテムは、ジーンズやチェックシャツ、デニムシャツ、スタジャンなど！ カジュアルよりちょっぴりワイルドに、赤を投入するとアメカジ感アップ！

ダメージジーンズやパーカを投入してもかわいいかもっ♪

赤のチェックシャツとパーカで強めのアメカジが完成★

カジュアルを1ランクアップ⤴⤴
プレッピー
Casual Preppie

LESSON ① ファッション

きちんと&カジュアルな上級スクールコーデ

制服みたいなスクール風コーデ

学校の制服を着くずしたようなスタイル。定番アイテムはVネックのカーディガンやシャツ、ローファーなどで、上品さとかわいさが両方つまった「いい子風」のコーデだよ♪

コーデのPoint ♥

カーディガンやローファーなどのスクール風アイテムを投入しつつ、ショーパンやボーダーTであえてカジュアルダウンするのがポイントだよ♪

「エンブレムが入っていると、スクール感がアップするよ♪」

クールスタイル
Cool Style

冬

大人っぽくて カッコいいコーデ

ちょっぴりセクシーな、お姉さん風のスタイルだよ。センスがよくてカッコいいコーデだから、友だちに一目おかれちゃうかも！ 黒や白などの「モノトーン」を中心にまとめよう★

コーデのPoint ♥

スキニーパンツやタイトスカートで、Iライン（24ページ）シルエットをつくろう！ 黒や白のほか、紫をとり入れるとセクシーに仕上がるよ♪

しぐさも大人っぽくして、クールになりきっちゃおう★

モノトーンコーデに紫のチェスターコートでセクシーに

春 パーカをはおって大人ガーリーにシフトしよっ

夏 水玉柄のオールインワンを主役に、キレイめにおまとめ★

秋 胸のハートがセクシーな甘辛MIXコーデ

LESSON ① ファッション

クールのおすすめアイテム

アウター
チェスターコート
長め丈の、かっちりしたコート。体のラインがキレイに見えるよ。

トップス
メッシュT
メッシュ素材のトップス。ほんのりすけて見える柄がおしゃれ♪

ボトムス
タイトスカート
ぴったりしたシルエットのスカート。スタイルがよく見えるよ♪

シューズ
ブーツ
秋～春に使えるブーツ。サイドゴアやエンジニアブーツがカッコいい!

小物
メタリックアイテム
キラキラかがやくメタル素材の小物。コーデのアクセントになるよ。

クールを1ランクアップ⤴⤴
ロック
Cool Rock

ロックテイストをMIXしたコーデ

ロックテイストをとり入れた、ちょっぴりハードなスタイルだよ。黒をメインにコーデしつつ、紫や赤などのスパイシーなカラーを投入して、カッコよく決めちゃおう！

コーデのPoint ♥

黒のレザージャケットは、ロックコーデのテッパンアイテム！ チェーンやスカル、スタッズがついた小物もおすすめだよ。網タイツでセクシーさをプラスしても◎。

パンツスタイルのときは、細身のスキニーがイチオシだよ♪

レザー×チェックスカートでガールズバンド風に★

クールを1ランクアップ⇈
ミリタリー
Cool Military

LESSON 1 ファッション

大人っぽいネイビーのワンピにロング丈のミリシャツをON!

軍服がモチーフのカッコいいコーデ

ミリタリーは、軍隊の制服をモチーフにしたスタイル。カッコよく見せたい個性派さんにおすすめ★ アースカラーや、カモフラ（迷彩）柄を使ったコーデが特徴だよ。

コーデのPoint ♥

ミリタリーシャツとよばれるアースカラーのシャツや、カモフラ柄のアウターを組み合わせよう。ワッペンをつけたり、ブーツを合わせるとGOOD！

渋くなりすぎないように、アクセントに赤をたしてもOK！

47

ステップ3 じょうずに着まわすコツを知ろう

手持ちの洋服が少なくても、組み合わせを変えれば印象はグッと変えられるよ♪ スタイル別に、着まわしのお手本を紹介★

ガーリースタイル Girly Style

この6アイテムを着まわし!

A 白カーディガン

カーディガンは、どんな服にも合わせやすい白がおすすめだよ♪

B レース白T

そでや首もとにレースがついた、ガーリーなTシャツ。

C プリントT

スイーツ柄がプリントされたシンプルなTシャツ。

D ワンピース

ピンク×白のギンガムチェック柄ワンピース。

E スカート

やさしいライトブルーのスカート。ふんわりしたシルエットがかわいい!

F サロペット

細かいドット柄のサロペット。ネイビーをチョイスしたよ。

この6アイテムを着まわし!

Ⓐ ブルゾン

ロゴが入ったブルーのブルゾン。ボタンを開けても閉めてもかわいい♥

Ⓑ ニット

カラーニットは、合わせやすいややうすめの色を選ぼう!

Ⓒ ボーダーパーカ

ポップの定番アイテム、パーカ。1枚で着てもおしゃれな柄ものが◎。

Ⓓ スエットワンピ

スエットワンピは、トップスやボトムスとしても使える万能アイテム。

Ⓔ スカート

ハデなフルーツ柄も、白がベースだからほかの服と合わせやすい!

Ⓕ ショートパンツ

デニムのショートパンツ。リボンがポイントだよ★

Day 5 B+D

Day 6 A+C+F

Day 7 D+E

LESSON 1 ファッション

Point!
カラーニットを重ねて着て、スエットワンピをちら見せしたよ！

Point!
パーカ×ショートパンツに、ブルゾンをはおってスポーティーに！

Point!
スエットワンピをスカートにINして、トップスとして使おう♪

55

カジュアルスタイル Casual Style

このアイテムを着まわし！

Ⓐ デニムシャツ

トップスとしてもはおりものとしても使える万能アイテムだよ♪

Ⓑ ポロシャツ

スポーティーにもカジュアルにも着れるから、1枚用意すると◎。

Ⓒ ボーダーT

ボーダーは、着まわしやすい柄のひとつだよ。

Ⓓ ワンピース

ナンバーが入ったワンピース。コーデしやすい白を選んだよ。

Ⓔ スカート

スクール風の、チェック柄プリーツスカート。

Ⓕ ショートパンツ

着まわし力ばつぐんなデニムショートパンツだよ。

Day 1

A + C + F

Point!
ボーダーT×ショートパンツの定番コーデも、デニムシャツをはおればおしゃれに変身！

Day 2

B + E

LESSON 1 ファッション

Point!
ポロシャツとスカートで制服っぽく★ローファーを合わせるとかわいい！

57

LESSON 1 ファッション

Day 5 A + D

Day 6 B + F

Day 7 A + D

Point!
デニムシャツを上に着て、ワンピースをスカートっぽく使っちゃおう★

Point!
ポロシャツ×ショートパンツのシンプルコーデ。小物をアクセントにして。

Point!
ワンピースを着て腰にシャツをまいたよ。5日目と印象が変わるね♪

クールスタイル Cool Style

この6アイテムを着まわし!

A スタジャン

はおりものとしても、トップスとしても使えるよ♪

B スエットT

スエット素材だから、サラッと着れる。合わせやすいグレーをチョイス。

C ハイネックT

ストライプが入った、ハイネックのTシャツ。

D サロペスキニー

細身のスキニー。着まわしやすい白を選んだよ。

E スカート

カモフラ柄のスカート。コーデをピリッと引きしめてくれるよ。

F ショートパンツ

キルティング加工のハイウエストショートパンツ。

Day 5

Ⓐ + Ⓓ

Point!
ブルゾンをトップスとして使用。サロペと合わせてすっきりまとめたよ。

Day 6

Ⓑ + Ⓒ + Ⓕ

Point!
ハイネックTにスエットを重ね着して、インナーとして使ったよ。

Day 7

Ⓐ + Ⓔ

Point!
ブルゾンにカモフラ柄スカートを合わせて、個性的に決めちゃお★

LESSON ① ファッション

ステップ4 体型のお悩みをコーデで解決しよう

気になる体型のお悩みは、着こなしでカバーできる！
体型別のコーデテクで、スタイルをよく見せちゃおう♪

背が低い

脚が短く見えちゃうし、バランスをとるのがむずかしい！

スラッと美スタイルに見せるには、上半身にポイントをおくことが重要！　視線を上げることで、背が低いのが目立たなくなるよ。スカート丈はひざ上にして、脚を見せよう♪

これで解決！

テク1　上半身にポイントをおこう
トップスを明るい色みにしたり、ヘアアクセをつけて、上半身に目がいくようにしよう。

テク2　ハイウエストで脚長効果ゲット
タイトスカートにトップスをINして、Iラインをつくると、脚が長く見えるよ♪

テク3　ヒールで身長をかせご♪
ヒールのあるくつをはいて、脚を長く見せちゃおう！　ソックスは短めがGOOD★

これはNG！　大きな柄の服
柄の洋服は、全体に小さく細かくしきつめられたものを選ぼう。大きな柄だと、服の印象が強すぎて身長の低さが強調されちゃうよ。

小花柄やドットがおすすめ♪

背が高い

好きな人より身長が大きいのが悩み。「デカい」って思われないようにしたいな。

LESSON 1 ファッション

背が高いのは、おしゃれ的にはとてもよいこと！　でも、がたいがよく見えちゃうなど、悩んでいる子も多いみたい。背が低い子とは逆に、下半身にポイントをおいたコーデを心がけてね。

これで解決！

テク1／下半身にポイントをおこう
柄もののスカートなどで、下半身にポイントをおこう。目線を下げることができるよ。

テク2／トップスは無地にしよう
上半身に目がいかないように、トップスは無地に、小物も胸より上にはつけないでね。

テク3／大きめの柄がGOOD！
背が高い人は、大きな柄ものの服をバランスよく着こなせるよ♪ぜひ挑戦してみて。

これはNG！ ストライプ柄

ストライプは、タテのラインを強調して、細く長く見せる効果が。身長の高さをカバーしたい子はさけたほうがいいかも。

背は高く見えちゃうけど、カッコよく着こなせるよ♪

ぽっちゃりしている

みんなより太っている気が……。
細く見せるテクが知りたいよ～！

体をほっそり見せたい、という子は多いよね。見せるところ、かくすところにメリハリをつけてみよう★ 体の丸みはキュートさを高めてくれるから、気にしすぎなくてもだいじょうぶ！

\テク1/ チュニックやワンピースが活躍♪
これで解決！
お尻まわりをカバーできる、チュニックやワンピースがイチオシ！ 寒色を選ぶとなお◎。

\テク2/ ストライプでタテのラインを意識
体を長く、細く見せてくれるストライプがおすすめ！ ボトムスでとり入れると脚長に★

\テク3/ 手首や足首をチラ見せ！
手首＆足首は、体のなかでも細いパーツ。チラ見せすると、全身を細見せできちゃうの！

これはNG！ ティアードトップス

ティアードとは、フリルが段々についているデザインのこと。おなかや胸がふくらんで見えてしまうよ。また、暖色もさけたほうが◎。

フリルが体型をかくしてくれるかと思ってた～！

やせすぎている

やせすぎて、男の子みたいな体型。「ひんそう」って思われないかな？

モデルみたいなほっそり体型はあこがれちゃうけど、近よりがたい印象になったり、男の子みたいに見えちゃう悩みもあるよね。コーデでやわらかいシルエットをつくって解決しよう！

LESSON 1 ファッション

これで解決！

\テク1/ 暖色の服でふんわり見せ
ピンクやオレンジなど、あたたかみを感じさせる暖色をトップスにとり入れてみよう！

\テク2/ デニムサロペでラインをカバー
デニムサロペでゆったりシルエットに！ ロング丈のスカートもおすすめだよ★

\テク3/ パフスリーブがおすすめ！
肩まわりにポイントがくるパフスリーブは、二の腕の細さをかくしてくれるよ。

これはNG！ 肩が見える服

肩や首まわりが見えるすっきりした服はやせすぎを強調しちゃうよ。中にシャツを着るか、ストールやマフラーをまいてカバーしよう！

体のラインが出るタイトな服もNGだよ！

67

顔が大きい

顔と体のバランスが悪い気がする……。
小顔に見せるテクが知りた〜いっ！

小顔に見せるには、アクセサリーと柄をじょうずに活用するのがコツだよ！顔まわりだけではなく、全身のバランスが大切だから、鏡を見ながらコーデしてみてね★

これで解決！

テク1／首まわりをすっきりさせよ♪
スクエアネックやVネックなど、首まわりがすっきりしたトップスは、小顔効果◎！

テク2／長め＆大きめのネックレスをセット
胸くらいまである長め＆大きめのネックレスをつけると、目線を顔から遠ざける効果が！

テク3／ボトムスはハデめがGOOD
総柄のボトムスで、目線をもっと下げちゃおう！ トップスを無地にするとなおよっしょ♪

これはNG！ タートルネック

首まわりがつまった「タートルネック」は、首を短く、顔を大きく見せちゃうよ。また、シャツのボタンを上までとめるのもさけたほうが◎！

「シャツのボタンをあけて、首もとを「V」にしよう！」

脚が太い

上半身にくらべて脚が太めなの。細く、長く見せたいな〜

スタイルが気になる子のなかでも、とくに下半身に悩みをもつ子は多いみたい。細く、長く見せるには、上半身にポイントをおくことと、ボトムス選びが重要だよ！

LESSON 1 ファッション

これで解決！

\テク1/ 上半身にボリュームON！
ゆったりした大きめのトップスを着よう！ 全身を見たときに、下半身が細く見えるよ。

\テク2/ 黒タイツで引きしめ！
引きしめ効果がある黒タイツをはこう！ スカートはミニのほうが脚がキレイに見える♪

\テク3/ ヒールで高さだし！
ヒールをはいて脚を長くしちゃおう！ ウェッジソールなら歩きやすいよ★

これはNG！ タイトなボトムス

お尻のラインが出てしまうタイトなボトムスはNG。また、はっきりした柄のボトムスは、脚のラインを太く見せてしまうからさけてね。

お尻や太ももをじょうずにかくして細見せしよっ

肩幅ががっちり

運動をしてるからかな？
いかつく見えちゃうのが悩み……。

とくに、ブラウスやシャツなどのかっちりした服を着たときにいかつく見えがち。首まわりが広い服ですっきり見せよう。また、猫背だと肩幅が余計広く見えるから、姿勢を正してね♪

これで解決！

＼テク1／
肩を思いきって出しちゃおう！
肩はかくさず、思い切って出しちゃったほうが◎！ 小顔効果があるんだよ♪

＼テク2／
小物で目線を外しちゃおう
目線を肩から遠ざけるために、小物を活用するのもGOOD。帽子をかぶるのもおすすめ。

＼テク3／
下半身はふんわりさせよう
目線を下げるために、下半身はゆったりシルエットに。ただし、脚はかくさず出そう。

これはNG！ パフスリーブ

そでがふんわり丸い「パフスリーブ」はNG。肩幅が強調されてもっと広く見えるよ。また、首まわりがつまっているものもさけよう。

姿勢も大切！ 猫背になるとよけい肩幅が目立つよ

おなかがぽっこり

ふだんは洋服で見えないけど、じつはおなかがぽっこり出ててはずかしい〜！

LESSON 1 ファッション

おなかまわりをごまかすために、ゆったりしたトップスを着るのはNG。服のたゆみで、もっとぽっこり見えちゃうよ。トップスはシンプルに、ボトムスにINしてすっきり見せよう！

これで解決！

\テク1/
ロングはおりでほっそり！
ロングはおりでタテのラインを強調しよう。おなかまわりに目線がいかなくなるよ★

\テク2/
トップスはINしちゃおう
トップスは無地のものを選び、ボトムスにINしよう。細めのベルトをたすとさらに◎。

\テク3/
ショートパンツでコンパクトに
短め丈のボトムスでコンパクトにまとめて、脚を出そう。おなかが目立たないよ。

これはNG！ タイトなトップス

おなかまわりのラインがくっきり出てしまう、ぴったりシルエットのトップスはNG。またティアードトップス（66ページ）もさけて。

188ページのエクササイズに挑戦しよっかなぁ

71

ステップ5 もう失敗しない！買いものマスターになろう

自分に似合うスタイルやコーデのコツがわかったら、いよいよ
買いものへGO！　失敗しない買いものテクを伝授するよ♪

こんな買いものの失敗してない？

サイズが
合わない

家にある服と
コーデしにくい！

予算オーバー！
おこづかいが〜

家に帰って
よく見たら
あまりかわいく
なかった

店員さんにほめられて
つい買っちゃった！

同じような服、
持ってたよ〜

買いものマスターになるためのオキテ

オキテ 1 買いものの前にきちんと準備を！

LESSON 1 ファッション

左ページで紹介したような買いものの失敗は、準備不足や勢いで買っちゃうのが原因。買いものに行く前に手持ちの服をチェックし、欲しい服と予算をきっちり決めていけば、失敗はグッと減らせるよ♪ 次のチェックポイントを確認してみよう！

手持ちの服をおさらいしよう♪

買いものの前にチェック！

- **クローゼットは見た？** \OK?/
  手持ちの服を確認しておくと、似た服を買ったり、コーデしにくい服を買う心配がなくなるよ。

- **自分に似合うスタイルがわかる？** \OK?/
  どのスタイルに挑戦するかを決めて、着まわしがきくアイテムを選ぼう！

- **今日の予算は決めた？** \OK?/
  買いもの中は、ついつい全部欲しくなっちゃうよね。予算の範囲で買うようにしよう！

- **絶対に買いたいアイテムは何？** \OK?/
  絶対買いたいもの、できれば買いたいものの優先順位を決めておこう！

- **試着しやすい服を着ている？** \OK?/
  買う前に試着（75ページ）することを考え、着がえが楽な服を着ていこう！

出発しよう！

オキテ2 本当に必要か見極めよう

いざ買いものへ行くと、どれもかわいくて目移りしちゃうよね。だけど、予算もあるし、全部買うのはむずかしいところ。「欲しいなぁ」と思ったら、本当に必要なものかを見極めることが大切。そのための5つのコツを紹介するよ。

勢いで買うのは失敗のもと！

買いものじょうずになる5つのコツ

コツ1 いつ着る服なのか想像してみよう

いつ、どんなときに着る服なのか考えてみよう。通学で着られるか、友だちとのおでかけに着ていけるかなどを想像してみてね。

コツ2 家にある服とのコーデを考えよう

単体ではかわいくても、手持ちの服とコーデできない場合は買わないほうがいいかも。3コーデ以上思い浮かぶか、を目安にしてね。

コツ3 店員さんにアドバイスをもらおう

店員さんは洋服のプロ！どんな服に合わせるとよいか、アドバイスをもらおう。おうちの人や友だちに意見を求めるのも◎！

コツ4 何回着られるか考えてみよう

今買ったとして、このシーズンあと何回着られるか考えてみよう。また、1シーズンしか着られないハヤリモノもさけたほうが◎。

コツ5 時間をかけてゆっくり決めよう

急いで決めるのは失敗のもと！迷ったら、一度おいて別のお店に行ってみよう。冷静になって、それでも欲しかったら購入してね。

オキテ3 かならず試着をしよう

LESSON 1 ファッション

気に入った服は、すぐに購入せずにかならず試着しよう。サイズが合わなかったり、想像していたシルエットが出なかったりすることがあるの。ただし、購入していない商品はお店のもの。ルールを守って試着しようね！

試着するときは

ちがうサイズや色も着よう
カラーバリエーションがあるなら、気になる色を着てみよう。意外な色が似合うかも！

服を汚さないようにしよう
服を汚すと、買いとりになることもあるよ。とくにメイクで汚さないように注意してね。

試着室から出てチェックしよう
着終わったら、試着室から出てくつをはき、大きな鏡で全身を確認してみよう★

お店で決められたルールを守ろう
試着室に持ちこめる服の数は、お店によって決まっているよ。その店のルールを守ろう。

ほかの人に意見を聞こう
ひとりで決めず、親や友だち、お店の人の意見も聞こう！客観的な意見が聞けるよ★

試着後に買わなくてもOK！

試着したからといって、絶対に買わなきゃいけないわけではないよ！気に入らなかったり、迷ったりしたら「もう少し考えてみます」と言って店員さんに返却しよう。

75

ファッションのお悩みQ&A

買いもののこと、センスのことなど、ファッションのお悩みを解決！

Q お金がなくて洋服が買えないよ〜！

A おこづかいのなかで洋服をそろえるのはたいへんだよね。でも、着まわし（48ページ）しやすいアイテムを買ってじょうずにコーデすれば、おしゃれは楽しめるよ♪ とくに、デニムや無地のアイテムは着まわし力はつぐん！

Q どうすればセンスがアップするの？

A 「おしゃれノート」をつくり、雑誌を見ていて気に入ったコーデがあったら、切りとって貼っていこう★ ながめているだけでも勉強になるし、コーデ力がグンとアップするよ♪ 芸能人や街のおしゃれさんをチェックするのも◎！

LESSON ① ファッション

Q 自分に似合う服がわからないよ〜っ

A 基本的には、着たいスタイルの服を着るのがいちばんだよ！　そのなかで、いろいろ試着をして、似合う色、似合う形の服を見つけていってね。あとは、おうちの人や友だちなど、身近な人に意見を聞いてみてもいいかも。

Q 絶対似合わないから、スカートがはけないの……

A まずいいたいのは、「似合わない子はいない」ということ！　勇気を出してチャレンジしてみよう★　いきなりスカートをはくのがはずかしい子は、キュロットやスカパン、ガウチョパンツなどから挑戦するのもおすすめ！

Q ショップで店員さんに話しかけられるのが苦手……

A じっくり見たいのに、話しかけられると落ちつかないよね。そんなときは「ゆっくり見たいので」とか「いろいろ見てみます」っていってみて。それでも話しかけてくるときは、「ひとりで見たいです」とはっきりいっちゃおう！

77

Lesson2

おしゃれレベルがアップする♪
ヘアスタイル&アレンジ

ステップ1 ▶82ページ
どんなヘアスタイルが似合うかチェックしよう

自分の顔の形を知って、お似合いのヘアスタイルを見つけよう！

ステップ2 ▶90ページ
前髪をカットしてもっとおしゃれになろう

前髪を変えてプチイメチェン！セルフカット&セットをマスターしよう。

ステップ3 ▶96ページ
毎日使える！基本のヘアアレンジをマスター

いろいろなアレンジに応用できる、基本のヘアアレテクを5つ紹介♪

まるわかり こうざ

ステップ4 ▶118ページ
髪のお悩みをヘアアレで解決しよう

「ぺしゃんこ」「くせ毛」などのお悩みを解決するヘアアレを紹介★

ステップ5 ▶128ページ
イベントに合ったヘアアレをマスターしよう

イベントに合わせて、服だけではなくヘアアレも変えちゃおう！

ステップ6 ▶136ページ
ヘアアイロンでもっとアレンジを楽しもう

ヘアアレ上級テク、ヘアアイロンの使いかたを教えちゃうよ♥

ステップ1 どんなヘアスタイルが似合うかチェックしよう

お似合いのヘアスタイルは、顔の形によってちがうよ。4つの顔タイプのなかから自分にいちばん近いものを見つけよう★

まずは自分の顔型をチェック！

鏡で自分の顔を見て、リストのなかであてはまるものに✓を入れよう。
全部答え終わったら、チェックを数えて右のページに進んでね！

チェック1
- □ 顔のヨコ幅とタテ幅がほとんど同じ長さ
- □ ほおがふっくらしている
- □ あごがとがっていない
- □ おさなく見られることが多い

チェック2
- □ 顔のヨコ幅よりタテ幅のほうが長い
- □ あごは細長くキリッとした印象
- □ 目と目の間隔がせまいほう
- □ 大人っぽく見られることが多い

チェック3
- □ 顔のヨコ幅が広め
- □ おでこが広く、生えぎわのラインはまっすぐ
- □ えらが気になる
- □ 男の子っぽい顔立ちをしている

チェック4
- □ 顔の上半分はヨコ幅が広めで、下半分はせまめ
- □ あごが細くて長い印象
- □ ほおの骨が少しはっている
- □ きつそうな性格だと思われることが多い

82

あなたの顔型にいちばん近いのはコレ！

✓の数がいちばん多かったのが、あなたの顔型。同じ数✓がついた場合は、両方の顔型の特徴をもっていることになるよ。

LESSON 2　ヘアアレンジ

チェック1 がいちばん多かった人は

丸顔さん

顔が丸く、ほおがふっくらしているあなた。おさなく見られがちだよ。
→84ページへ

チェック2 がいちばん多かった人は

たまご顔さん

顔がタテに長いあなた。クールに見られがちだよ。「面長」と呼ぶことも。
→85ページへ

チェック3 がいちばん多かった人は

ベース顔さん

えらがはっていて、やや「四角い」印象。骨格がしっかりしてるんだ。
→86ページへ

チェック4 がいちばん多かった人は

逆三角顔さん

あごが細く、おでこが広いのが特徴。ほおがすっきりしているよ。
→87ページへ

丸顔さんに おすすめのヘアスタイル

イチオシヘア

前下がりボブで小顔に見せちゃお!

丸顔さんは、「タテ」のラインをつくることを意識しよう。おすすめは、顔まわりの毛を長めに残し、前髪にすき間をつくった前下がりボブ。ほっぺの丸みをカバーできるよ♪

✕これはNG

ぱっつん前髪は、顔のヨコ幅が強調されちゃうよ。あごあたりで切りそろえるのもNG。

お似合いヘアいろいろ

ショート

トップを盛って首まわりはすっきり

トップにボリュームを出してサイドを短くすると、タテ長に!

ミディアム

ほおのラインにシャギーをオン!

サイドの髪にシャギーを入れて、ほおをほっそり見せちゃおう!

ロング

ふわふわカールを顔にそわせて

ふわふわロングであごまわりをカバー。前髪は分けてタテに長く!

84

たまご顔さんに おすすめのヘアスタイル

LESSON 2 ヘアアレンジ

イチオシヘア

内巻きワンカールでふんわりした雰囲気に

たまご顔さんは、前髪を重くしたり、トップのボリュームをおさえたりして、タテのラインを短く見せることが大切！ あごのヨコでワンカールしたボブがイチオシだよ★

✕ これはNG

センターパートは、おでこからあごまでの顔の長さが強調されちゃうよ。前髪はつくろう！

お似合いヘアいろいろ

ショート

サイドにボリュームのあるショートボブ

耳のヨコにボリュームをもたせたショートボブ。やさしい印象に！

ミディアム

ぱっつん前髪で印象的に

思いきって前髪をぱっつんにしちゃおう！目がばっちり見えるよ。

ロング

ふんわりロングにプラス1テク！

あご下に「くびれ」をつくると、やわらかなシルエットに。

ベース顔さんに おすすめのヘアスタイル

イチオシヘア

フェイスラインを ふんわり毛先でカバー

えらをじょうずにカバーすることが大切。毛先をふんわりさせて、ほお骨を自然にかくしちゃおう。前髪を広めにとると四角感が強調されるので、せまくするのがオススメだよ★

✕これはNG

ぱっつん前髪＆耳出しヘアは、ベース型が強調されちゃうからさけたほうがいいかも。

お似合いヘアいろいろ

ショート

毛先とえらを つなげよう

毛先とえら部分を同じ長さにすると、シャープなラインに。

ミディアム

センターパートで 細見せ！

センターパートでタテを強調。あご下で内巻きにカールさせよう！

ロング

ふんわりカールで えらをかくそう

髪全体に動きをつけ、フェイスラインをかくしちゃおう！

逆三角顔さんに おすすめのヘアスタイル

LESSON 2 ヘアアレンジ

あごまわりに動きをプラスしてやわらかく！

あごがとがっていて、きつい印象に見られてしまいがち。あごのまわりに動きを出して、ふんわりシルエットをつくろう。前髪は厚めにとるとやさしい印象に！

イチオシヘア

✕これはNG

耳より上のベリーショートはNG。逆三角が強調されちゃうよ。前髪ももう少し長めが◎。

お似合いヘアいろいろ

ショート

えりあしでぴょこんとハネ！

耳下で外ハネをつくり、あごのラインをヨコ長に見せちゃおう！

ミディアム

シャギーを入れて動きを出そう

前髪を長めにし、毛先にシャギーを入れて大人っぽくしよう。

ロング

ふわふわカールで女の子っぽく

あご下にカールをつくると、はなやかでやさしい雰囲気に！

87

ヘアサロンに行ってみよう！

理想のヘアスタイルになるための、ヘアサロンの活用法を教えるよ！

自分に似合うスタイルがわかったら、ヘアサロンに行ってみよう！ヘアサロンは、<mark>髪を切ってくれる</mark>以外にも、髪型の相談にのってくれたり、ヘアアレのアドバイスをしてくれたりと、<mark>髪に関するすべてのことをまかせられる場所</mark>♪
大人になったら髪を染めるカラーリングや、パーマをかけてもらうこともできるの！
勇気を出してヘアサロンデビューをしてみてね♪

ヘアサロンへ行く前に

行きたいヘアサロンが決まったら、まずは電話で予約をしよう。名前と連絡先、希望の日時を伝えてね。予約をしないでいきなり行くと、長い時間待つことになったり、カットを断られたりすることもあるから注意！

予約した日時に行けなくなったら、早めに電話をしてキャンセルしてね！

ここに気をつけよう！

1 どんなヘアスタイルにするか決めよう

事前に、どんなヘアスタイルにするか決めていこう！　迷っているなら、いくつか案をもっていって、美容師さんに相談してもOKだよ。

2 ふだん着ている服で行こう

コーデの雰囲気に合ったヘアスタイルにしてもらうためにも、ふだん着ている服で行こう。また、首まわりがすっきりした服がGOODだよ。

3 前日の夜にシャンプーをしよう

シャンプーはサロンでやってもらえることが多いから、直前ではなく前日の夜にしていこう。念のため、予約のときに確認しておくと◎。

ヘアサロンでの流れ

1 受付をして髪型を相談しよう
予約時間5分前にはサロンについているようにしてね。受付をして、どんなヘアスタイルにするか、美容師さんに相談しよう。

2 シャンプーをしてもらうよ
シャンプー台で髪を洗ってもらうよ。洗いたりないところがあったり、かゆみを感じたりしたら、美容師さんにきちんと伝えてね。

3 いよいよ髪をカット！
いよいよ髪を切っていくよ。このとき、眠ったり携帯電話をいじったりせず、長さやイメージが最初に伝えた通りか確認しよう。

4 ブローして仕上げていくよ
ぬれた髪をかわかしていくよ。このとき、美容師さんに正しいブローのしかたを聞いておくと、おうちでのセットにいかせるよ♪

5 鏡で仕上がりを確認しよう
かわいた状態で調整したら完成。鏡で仕上がりを確認するよ。気になるところや切りたりないところがあったらこのときに伝えてね。

6 レジでお会計をしよう
最後に、レジでお金を払うよ。担当してくれた美容師さんの名前をおぼえておくと、次来たときに同じ人にたのめるよ！

美容院と理容室って何がちがうの？

ヘアサロンには「美容院」と「理容室（床屋さん）」があるけど、できることはほとんどいっしょ。こだわりすぎず、通っていて「お願いしたい」と思えるサロンを見つけよう。

LESSON 2 ヘアアレンジ

ステップ2 前髪をカットしてもっとおしゃれになろう

前髪は、顔の印象を決める大事なパーツ！ すぐにのびちゃうから、自分でカットできるとラクチンだよ♪

うーん、前髪だけのびちゃった……。
ヘアサロンで切ってもらおうかなぁ。

本当だ、けっこうのびたね。
でも、**前髪だけだったら自分で切る方法もあるよ♪**

リンカちゃんは自分で切ってるの？
すごーい！

じつは、失敗しちゃったこともあるけどね。
むずかしかったら、おうちの人に相談してもいいかも！

用意する道具

はさみ、すきばさみ
専用のはさみを用意しよう！ 工作用のはさみだと、じょうずに切れないよ。

コーム
「くし」と呼ばれることも。髪の流れをととのえるときに使うよ。

ダッカール
「ヘアクリップ」とも呼ばれるよ。カットしない髪をとめておくときに便利だよ。

前髪をカットしてみよう！

1 カットする位置を決めよう
最初にカットする前髪を決め、切らない髪はダッカールでとめておくよ。前髪は、左右の目尻と目尻の間にし、それより外は自分で切らないでね。

2 コームでとかそう
コームで前髪をとかして、毛の流れをととのえるよ。毛の長い部分、短い部分がわかりやすくなるの。

3 切り進めよう
前髪を人さし指と中指でもち、鏡を見ながらはさみをタテに入れ、少しずつ切るよ。シャギーを入れたいときは、すきばさみを使おう。

4 全体をチェックしよう
最後にはみ出た毛をカットしたら、ダッカールを外して仕上がりを確認しよう。

LESSON 2 ヘアアレンジ

めちゃカワ♡前髪カタログ

ぱっつん前髪

真っすぐ切りそろえて目力をアップしちゃおう★

まゆ毛のラインで、前髪を真っすぐ直線にカットするスタイル。とくにたまご顔さんにおすすめで、目力をアップする効果があるよ★個性的なおしゃれを楽しみたい子にぴったり！

カットのしかた

① 表面と内側の2つに分けよう。表面はダッカールでとめておいてね。

② 内側の真ん中から切り、両はしを同じ長さにそろえていくよ。

③ 表面の毛をおろしてコームでとかし、内側に合わせて切りそろえてね。

ななめ前髪

前髪を8：2くらいに分け、左右どちらかに流すスタイル。前髪にすき間ができるから、タテのラインが強調されてすっきり見えるよ。どんな髪型にも合う前髪だよ★

サラッと流して大人っぽくクールな印象に♪

カットのしかた

① 最初に流す方向を決めるよ。コームを使って実際に分けて決めてね。

② 多いほうの髪を流したいほうと逆側にもっていき、そのまま真横にはさみを入れてカット。少ないほうの髪も反対側にもっていって同じようにカットし、ととのえてね。

ゆるやかカーブ

目尻からこめかみにかけての髪を長く残し、アーチをえがくようにカットしたスタイル。目をぱっちり見せる髪型で、女の子っぽさ倍増！ガーリースタイルにぴったりだよ★

ゆるやかなアーチでガーリーな印象に♥

カットのしかた

① こめかみから目尻にかけてななめにはさみを入れ、カーブをつくるよ。

② 真ん中の髪はまゆ下あたりで切りそろえてね。

③ 両はし以外の毛を少しずつねじり、すきばさみを入れてすいたら完成！

シースルーバング

おでこをチラ見せして個性派おしゃガールに変身♪

シースルーとは「すけて見える」という意味。前髪に束感をつくっておでこを見せるスタイルで、個性的にしたい子にはぴったり！ 知的なイメージにもなれちゃうよ★

カットのしかた

① はさみは、タテではなくななめに入れていくよ。まずは真ん中から！

② 両はしにもはさみをななめに入れてね。鏡を見てバランスよく切ろう。

③ 少しずつ束にし、髪の中間〜毛先にかけてすきばさみを入れよう。

ふんわりカール

ふんわりやわらか、ガーリーな印象に♥

ぱっつん前髪のアレンジテク！ 前髪をくるんと内巻きにカールさせて、せいそで女の子っぽい印象になっちゃおう♪ ここでは、カーラー（97ページ）を使う方法を紹介！

セットのしかた

① カーラーを前髪の内側に入れ、髪を巻きつけてとめるよ。

② ドライヤーで前髪に温風をあてて、カールをしっかり固定しよう。

③ 前髪がくるんとしたら、ヘアスプレーでかためて完成だよ★

センターパート

左右にきっちり分けて、大人かわいく大変身っ！

大人っぽく、女性らしい前髪といえば、長めの前髪を中央で分けたセンターパート。顔をタテに長く見せられるから、とくに丸顔さん、ベース顔さんにぴったりだよ★

セットのしかた

1. ポイントはかわかしかた！ ぬれた前髪に真正面から温風をあて、生えぎわのクセをなくそう。
2. コームを使って真ん中で分けたら、ブラシで髪の内側からとかしながらドライヤーをかけ、熱で髪を固定してね。最後にヘアスプレーで固めて。

かき上げスタイル

大人見せで脱・コドモ！ セクシーなかき上げ前髪♥

長めの前髪を根もとから立ち上げてヨコに流したスタイルで、大人っぽく、セクシーな印象になるよ♥ ドライヤーだけでかんたんにつくれるから、チャレンジしてみよう！

セットのしかた

1. 前髪を後ろにもっていっておでこを出し、きりふきで根もとをぬらすよ。
2. ❶をキープしたまま、ドライヤーで温風をあててかわかすよ。
3. ❷をキープし、今度はドライヤーの冷風をあててくせをつければ完成。

LESSON 2 ヘアアレンジ

95

ステップ3 毎日使える！ 基本のヘアアレンジをマスター

ヘアアレを極めるために、まずは基本の5テクをマスターしよう！ 基本テクを応用したアレンジもいくつか紹介するよ♪

ヘアアレは、何度もチャレンジすれば絶対にうまくなれるから練習あるのみだよ！
そのために、まずは**基本のヘアアレ5**をマスターしよっ。

えっ、5つだけでいいの？

①ピンどめ、②ひとつ結び、③ふたつ結び、④みつあみ、⑤あみこみの5つをおぼえれば、あとは少し応用するだけでほとんどのヘアアレがつくれちゃうの。ヘア用語のお勉強＆必要なアイテムをそろえたら、さっそくはじめてみよ～♪

🎀 おぼえておきたいヘア用語 🎀

フロント
前髪のこと。

トップ
頭のてっぺんとそのまわりのこと。

サイド
顔の横にある左右の髪のこと。

フェイスライン
顔まわりの髪の生えぎわ。とくにおでこのラインをさすよ。

もみあげ
耳の前の髪の毛のこと。

えりあし
首の後ろの髪の生えぎわ。

おくれ毛
髪を結んだときに、ゴムでしばりきれず少し残った毛のこと。

逆毛
髪の毛先から根もとに向かってコームや手を通し、逆立ててふくらませること。

ボリューム
髪の量のこと。たとえば髪を多く見せたい＝ボリュームを出す、というよ。

手ぐし
ブラシやコームを使わず手で髪をとかすこと。

毛束
髪をまとめたり、とり分けたりしてつくった束のこと。

ヘアアレで使うアイテム

LESSON 2 ヘアアレンジ

ヘアゴム
髪を結ぶゴムのこと。アクセがついた「かざりゴム」もあるよ。

ヘアピン
髪をおさえるピン。アメリカピンやUピン、スリーピンがあるよ。

ダッカール
結ばない髪をとめておくときに使うよ。「ヘアクリップ」とも！

コーム
髪の流れをととのえるときに使うよ。「くし」と呼ぶことも。

ブラシ
髪をとかすときに使う道具。使いやすいサイズのものを選ぼう。

ミラー
ヘアアレは、鏡を見ながらやるよ。自立するタイプがおすすめ。

カーラー
髪をくるんとカールさせるためのアイテム。特別な日に使おう★

ワックス、スプレー
髪のセットに使うよ。アレンジがくずれないように固めるときにも。

好きなヘアアクセ
カチューシャやシュシュなど、髪につけるアクセのことだよ。

基本のヘアアレ① ピンどめ

ヘアピンで髪をおさえるだけの、いちばんかんたんなアレンジテクだよ♪ 髪が短い子でもできるから、ぜひ挑戦してみよう！

用意するもの
アメリカピン（2本）

スタート

1
サイドの髪を耳にかけよう

サイドの髪を耳にかけよう。片方だけかけると、アシンメトリーになっておしゃれ度アップ♪ 今回は右側の髪をかけたよ。

2
ピンを下からさしこむ

後頭部から左手をまわして髪をおさえながら、ピンを上に向かってさすよ。しっかりさしてボリュームをおさえてね。

3 ×の形になるように2本目のピンをさす

2のピンと合わせて「×」の形になるように、右下から左上に向かってピンをさそう。

4 もうひとつ×をつくろう

3の「×」より耳に近い場所に、もうひとつ「×」をつくるよ。2〜3と同じ手順でさしていってね。

カラフルなピンでつくればポップな元気っ子に変身♪

できあがり♥

「×」の形のヘアピンがポイント！さすだけかんたんアレンジだよ★

LESSON 2 ヘアアレンジ

ピンどめのレベルUPアレ
ねじりハーフアップ

用意するもの

アメリカピン（2本）

スタート

1 耳より上の毛をとり分けよう
両手の親指を耳のつけ根に入れ、そのまま線をえがくように、ななめ上のほうに髪をまとめて束にするよ。

2 毛束をグルッとねじろう
毛束を片手でしっかり持ち、反対の手で毛束をグルッとねじるよ。手首を返すイメージでねじってね。

3 ねじった部分をピンで固定する
ねじった根もとのところに、右からピンをさそう。反対側からもさすと、しっかり固定できるよ。

できあがり♥

お上品なハーフアップの完成♪　ピンが表から見えないようにとめるとGOODだよ★

ピンどめのレベルUPアレ
ネコ耳風 ねじりピン

用意するもの
アメリカピン(2本)

LESSON 2 ヘアアレンジ

スタート

1 トップの毛をふたつに分けよう
トップの毛をセンターでふたつに分けるよ。片方ずつネコ耳にするから、反対側の毛束はとめておくと◎。

2 毛束をねじって前に押し出そう
毛束を後ろ方向に1回ねじり、そのまま前に軽く押して、前から見たときにふんわり見えるようにしてね。

3 ピンをさしてネコ耳を固定する
ふんわりさせたまま、ねじった毛束の根もとにピンをさしてとめるよ。反対側も同じようにつくってね。

できあがり♥

前から見たときに、ふんわりしたネコ耳ができていれば成功★ 髪が短い子も挑戦しやすいよ。

101

基本のヘアアレ②
ひとつ結び
(ポニーテール)

いちばん基本の結びテクだよ★ 結ぶ位置は高いほど元気に、低いほど大人っぽいイメージになるから、その日の気分に合わせて調整してね。

用意するもの

ブラシ　コーム　ヘアゴム(1つ)

スタート

1
髪の毛を後頭部でまとめよう

あごを上げながら、髪全体を後頭部に集めていくよ。目より少し高い位置でまとめよう！

2
ブラシを使って髪をきっちりまとめて

ブラシを使うとキレイにまとまるよ。結び位置に向かってブラシをかけていくイメージで、きっちり髪を集めよう。

3 ゴムでしっかり結ぼう

毛束をヘアゴムで結ぼう。ゆるまないように注意しながら、しっかりと！　かざりゴムを使うとかわいく仕上がるよ♥

4 逆毛を立ててふわふわにしよう

仕上げだよ！　毛先を片手で持ち、もう片方の手で毛先から根もとに向かってコームを入れ、ふわふわの逆毛を立てよう。

できあがり♥

元気印★王道ポニーテールの完成！

スポーツにもぴったりのポニーテール！　ふわふわ毛束がかわいい♥

LESSON ②　ヘアアレンジ

ひとつ結びのレベルUPアレ
サイド くるりんぱ

用意するもの

ヘアゴム(1つ)

スタート

1 髪を耳の下で ひとつにまとめよう
髪をすべて片サイドに集め、耳の下でひとつにまとめて結ぼう。このとき、きっちり結びすぎないでね。

2 毛束をくるりんぱさせよう
結び目の上に左手の指で穴を開け、毛束を外側から内側へ通そう。このテクを「くるりんぱ」と呼ぶよ♪

3 毛束をギュッと引っぱろう
毛束をふたつに分けて両手で持ち、左右からギュッと引っぱろう。穴のすき間がみえなくなったら完成!

できあがり♥

こって見えるけど、じつはかんたんにできちゃうお手軽アレンジ★ お上品な印象に仕上がるよ!

ひとつ結びのレベルUPアレ
ふわふわおだんご

用意するもの
- ヘアゴム（1つ）
- コーム
- アメリカピン（1本〜）

LESSON 2 ヘアアレンジ

スタート

1 ポニーテールをつくり逆毛を立てよう
ポニーテールをつくるよ。毛束を3つくらいに分け、それぞれ毛先からコームを入れて逆毛を立てよう。

2 毛束を結び目に巻きつける
3つの毛束をひとつにまとめ、結び目を中心にグルグルと巻きつけて大きなおだんごをつくろう。

できあがり♥

3 ピンをさしておだんごを固定しよう
髪の流れと直角にピンをさして、しっかりとめよう。髪の流れと同じ方向にさすとくずれちゃうよ！

逆毛を立てたことで、ふわふわのおだんごが完成★ 甘ポップな雰囲気になれちゃうよ！

基本のヘアアレ③
ふたつ結び（ツインテール）

耳より高い位置で結ぶと、より元気いっぱいなイメージに！ いろいろなバリエがあるから、挑戦してみよ★

用意するもの

 コーム
 ブラシ
 ダッカール
 ヘアゴム(2つ)

スタート

1 コームの柄で髪をふたつに分ける

コームの柄を使って、頭頂部から髪をセンターでふたつに分けるよ。左右が同じ量になるように、鏡を見ながら調整してね。

2 片方の髪を仮どめしておこう

あとで結ぶほうの髪を、ダッカールでとめておいてね。先に結ぶほうの髪はブラシで軽くとかしておこう！

3 耳の上に片側の髪を集める

耳の上あたりに髪をまとめていくよ。後れ毛が出ないように、ブラシを使いながらきっちり髪を集めていってね。

LESSON 2 ヘアアレンジ

4 ゴムを通してしっかり結ぼう

ゴムでしっかり結ぼう！ 結んだあと、ふたつの束に分けて左右から引っぱろう。反対側も、同じように結んでね！

できあがり♥

女の子っぽさ倍増！ ガーリーツインテール♥

鏡を見て、左右の結び目の位置を同じ高さにするとキレイに仕上がるよ。

107

おりたたみツイン

ふたつ結びのレベルUPアレ

用意するもの

ダッカール　コーム　ヘアゴム(2つ)

スタート

1 髪をふたつにざっくり分けよう
髪をふたつに分け、片側をダッカールで仮どめするよ。コームは使わず手でざっくり分けるとGOOD！

2 耳の後ろで髪を結ぼう！
耳の後ろあたりに髪をまとめ、ゴムで結ぶよ。毛束を最後まで引きぬかず、毛束で小さなわっかをつくろう。

3 毛先にコームを入れて逆毛を立てよう
反対側も同じように結んだら、毛先を指で押さえて、根もとに向かってコームを入れ、逆毛を立てよう。

できあがり♥

ふわふわのリングツインが完成★
ガーリー＆ポップな印象になるよ。
ボブヘアの子にもおすすめ！

ふたつ結びのレベルUPアレ
くるりんぱ ロープツイン

用意するもの
ヘアゴム（4つ〜）

LESSON 2 ヘアアレンジ

スタート

1 耳の下あたりで ふたつ結びにする
髪をふたつに分けて、耳の下あたりで結ぼう。ルーズに結ぶとくるりんぱしやすくなるよ★

2 結び目の上に穴を開け くるりんぱ！
1の結び目の上に穴を開け、毛束を外側から通してくるりんぱ（104ページ）しよう！

3 毛先までくるりんぱを くり返そう
2からこぶしひとつ開けたところを結び、同じようにくるりんぱ。これを、毛先5cmまでくり返してね。

できあがり♥

くるりんぱがぼこぼこ連なって見えるよ。かんたんなのにこって見えるハッピーアレンジ★

109

みつあみ
基本のヘアアレ④

みつあみをマスターすると、いろいろなアレンジに挑戦できるようになるよ★ 何度も練習して、ぜひマスターしてね！

用意するもの
ダッカール／ヘアゴム(2つ)

スタート

1
髪をふたつに分け、さらに3つの束に分けよう

髪をふたつに分け、片方をダッカールでとめておくよ。先にあむほうの髪を、さらに3つの束に均等に分けよう。

2
みつあみスタート！①の毛束を真ん中へ

いちばん外側、①の毛束を②に重ねて、真ん中にもってくるよ。

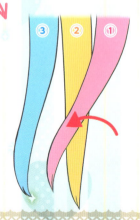

3 ③の毛束を①に重ね、真ん中へ移動させよう

次に、③の毛束を①に重ねて真ん中にもってこよう。あむたびにぎゅっと左右に引っぱると、あみ目がゆるみにくくなるよ★

LESSON ② ヘアアレンジ

4 左右の毛を交互に真ん中へ移動させよう

右の毛束を真ん中へ、左の毛束を真ん中へ……と、2～3をくり返して毛先まであみ、ゴムで結ぼう。反対側も同じようにあんでね。

できあがり♥

ガーリーヘアのテッパン、「おさげ」のできあがり♥

しっかりあむと上品に、ゆるめにあむとガーリーに仕上がるよ♪

みつあみのレベルUPアレ
サイド ゆるみつあみ

用意するもの

ヘアゴム(1つ)

🟣 スタート

1 髪全体をサイドに集めよう
髪の毛をすべて片側に集めよう。指を入れて、毛束を3つに分けてね。

2 毛先までみつあみしていこう
3つの束を毛先までみつあみしよう。ほどけないように、毛先までしっかりあんでゴムで結んでね。

3 結び目をもってあみ目をゆるめよう
結び目を片手でもち、反対の手でゴムに近いあみ目から順に髪の毛を引きだし、あみ目をゆるめよう!

💗 できあがり♥

太めのゆるふわみつあみが完成!
姉っぽガーリーな印象になるよ♥

みつあみのレベルUPアレ
みつあみカチューシャ

用意するもの
- ヘアゴム（2つ）
- アメリカピン（2本〜）

LESSON 2 ヘアアレンジ

スタート

1 耳より前の毛を毛先までみつあみしよう
両サイド、耳より前の毛をとり分け、3つの束に分けて細めのみつあみをつくり、毛先をゴムで結ぼう。

2 みつあみを反対側の耳までもっていく
みつあみを片方ずつ、頭頂部を通して反対側の耳のほうにもっていこう。みつあみがくずれないよう、慎重に。

できあがり♥

3 ピンをさしてみつあみを固定
耳の上あたりでみつあみにピンをさし、固定！ みつあみが長い場合は、毛束を折り返して長さを調整してね。

両方のみつあみを耳上で固定したら完成だよっ♪ みつあみがカチューシャみたいでかわいい♥

基本のヘアアレ⑤ あみこみ

あみこみはヘアアレ上級テク。練習すれば絶対できるよ★ 最初はおうちの人にやってもらって、仕上がりを確認するといいかも！

用意するもの

アメリカピン（2本〜）

1
トップを7：3に分け、多いほうをさらに3束に

トップの髪を7：3に分けよう。7のほうを、指でさらに3つの束に分けたらスタートだよ★

2
最初に1回みつあみをしよう

あみこむ前に、まずは1回みつあみをするよ。①の毛を②に重ねて真ん中へ、次に③の髪を①に重ねて真ん中へ移動させてね！

3 下の毛束と合わせてあんでいこう

②の束をあむとき、②の下にある毛④を少しすくい、②の毛束と合わせて、いっしょに真ん中に移動させよう。

4 下の毛と合わせながら左右交互にあんでいこう

今度は、①と①の下の毛⑤を合わせて真ん中へ。左右交互に 3〜4 をくり返し、耳の上まであみきったらピンでとめよう。

できあがり♥

コツをおぼえればかんたん★ガーリーハーフアップの完成！

キレイなあみ目をつくるには練習が必要！ マスターしてヘアアレ上級者になろう♪

LESSON 2 ヘアアレンジ

あみこみのレベルUPアレ
あみこみ×みつあみ

用意するもの

ヘアゴム(2つ) / ダッカール

スタート

1 髪をざっくりと ふたつに分けよう
髪をざっくりふたつに分け、片方をダッカールで仮どめしよう。ラフに分けるとおしゃれ度アップ♪

2 トップの髪を あみこんでいこう
3つの束に分け、トップから耳に向かってあみこんでいくよ。すくう毛がなくなるまであんでいってね。

3 のこりの毛を みつあみにしよう
耳の下まであんだら、のこりの毛をみつあみにして毛先をゴムで結ぶよ。反対側も同じようにあんでね。

できあがり♥

あみこみとみつあみのMIXアレンジが完成！ 最後にみつあみをゆるめると、ガーリー度アップだよ♥

あみこみのレベルUPアレ
うらあみ ハーフアップ

用意するもの

ヘアゴム（3つ）

LESSON 2 ヘアアレンジ

スタート

1 耳より前の毛をとり分けよう！
両サイド、耳より前の毛をとり分け、3つの束に分けよう。今回はうらあみこみをしていくよ。

2 うらあみこみ＆みつあみをしよう
毛束を「下」からくぐらせながら耳あたりまであみ、残りは毛先までみつあみしてゴムで結ぼう。

3 2つを後ろにまとめてゴムで結ぼう
反対側もうらあみこみ＆みつあみしてゴムで結ぶよ。2つを後頭部にまわし、まとめてゴムで結んでまとめよう！

できあがり♥

うらあみこみは、あみこみよりあみ目が立体的になって目立つの★ あみこみと合わせてマスターしよ♪

117

ステップ4 髪のお悩みをヘアアレで解決しよう

くせ毛、広がる、ぺしゃんこなどのお悩みを解決するヘアアレを紹介！ショートヘアにおすすめのアレンジも教えちゃうよ。

くせ毛でまとまりづらい

もともとくせ毛なんだけど、雨の日は髪がうねってたいへん！

ぐるりんみつあみカチューシャ

スタート

1 髪を片側に集め、耳下で結ぼう

髪全体を右側に集めたら、耳の下あたりでゴムでひとつに結ぼう。ブラシを使ってきっちりまとめると、キレイに仕上がるよ。

2 毛束をさらに3つに分けよう！

毛束を、太い束1本、細い束2本の計3束に分けよう。それぞれダッカールで仮どめしておいてね★

3 3本のみつあみをつくろう！

3つの束を、それぞれみつあみするよ。いちばん太いみつあみは、結び目を片手で持ち、反対の手であみ目の毛を引き出して、ゆるめてね。

LESSON 2 ヘアアレンジ

4 3つの束をグルッと1周まわそう

3本の毛束を、それぞれ頭頂部を通して反対側の耳までもっていくよ。そのまま毛の長さに合わせてグルッとまわし、それぞれの毛束の毛先をピンで止めて固定してね。

できあがり♥

くずれ知らずのかっちりアレンジのできあがり★ すっきりまとめれば、梅雨や夏のじめじめ時期も快適に過ごせるはず♪ 仕上げにリボンをつけてもかわいい。

119

ボリュームがあって広がる

髪が多い&かたくて、すぐに広がっちゃう……。
すっきり見せたいな。

ねじねじサイドポニー

スタート

1 高めのサイドポニーをつくろう！

耳の上で、ポニーテール（102ページ）をつくろう。高めの位置でつくると、元気いっぱいな印象に★

2 毛束をふたつに分けグルグルねじるよ

毛束を均等にふたつに分け、1本ずつ持つよ。矢印の方向に毛先までグルグルとねじっていこう。

できあがり♥

3 後ろ向きに毛束をツイストしよう

ねじった毛束を、後ろの方向に毛先までツイストして、ゴムで結んでね★

ねじるだけのかんたんアレンジ！
しっかりねじれば広がり知らず♪

サイドおだんご

スタート

1 耳の下で ひとつ結びにしよう

髪全体を片側にまとめ、耳の下あたりでひとつ結びにしよう。

2 コームを入れて 逆毛を立てるよ

片手で毛先を持ち、コームを根もとに向かって入れ、ふわふわと逆毛を立てよう！

できあがり♥

3 毛束を巻きつけて おだんごをつくろう

結び目に毛束を巻きつけて、ピンをさして固定するよ。おだんごの中心に向かってさしてね★

ふわふわのおだんごが完成！帽子を合わせてもかわいいよ♥

ぺしゃんこでさびしい印象

髪が少ないから、ボリュームが出なくて……。
ふわふわヘアにあこがれる〜！

ツインWくるりんぱ

スタート

1 耳上の毛をふたつに分けて結ぼう

耳より上の毛をセンターでふたつに分けるよ。それぞれ耳の上あたりで結んでおこう。

2 毛束をくるりんぱさせよう

①の結び目の上に穴を開け、くるりんぱ（104ページ）。毛束を左右から引っぱってすき間をなくして。

3 残りの毛をふたつ結びし、くるりんぱしよう

残った下の毛もふたつに分けて耳下で結ぼう。同じようにくるりんぱさせれば完成だよ★

できあがり♥

くるりんぱでボリュームがつくれて、ふんわりガーリーな印象に♥

122

むぞうさサイドポニー

スタート

1 高めのサイドポニーをつくろう

髪を手ぐしで耳上に集めて、ひとつに結ぶよ。ブラシを使わず、ラフにまとめちゃおう!

2 結び目から毛束をとりグルグルねじろう

結んだ髪から、毛束を少しだけとるよ。毛先までグルグルとねじってね。どちらの方向でもだいじょうぶ。

3 毛束を巻きつけてゴムをかくそう

2でねじった毛束を、ゴムにかぶせるようにグルッと巻きつけて、ピンで固定するよ。

できあがり♥

ラフ感が大人っぽい♥ ゴムかくしの小ワザがきいてるね!

LESSON 2 ヘアアレンジ

123

ショートでもアレンジしたい！

髪が短くて、挑戦できる髪型が少ないの。
かわいくなれるテクが知りたい！

ちょこちょこくるりんぱ

スタート

1 トップの毛を分けて、多いほうをゴムで結ぼう

トップの毛を、7：3に分けよう。多いほうの毛束の根もとをゴムでキュッと結んでね。

2 毛束をくるりんぱさせよう

1の結び目の上に穴をつくり、毛束を外側から内側に通して、くるりんぱ（104ページ）させるよ。

3 毛先までくるりんぱをくり返そう

1の結び目から指2本分あけたところを結び、さらにくるりんぱ。これを毛先までくり返してね★

できあがり♥

カラーゴムで結ぶとおしゃれ♥
くるりんぱした毛を引きだしてふわふわにするとGOODだよ！

ふんわりポンパドール

スタート

1 ポンパにする毛をとり分けよう

おでこからトップにかけての髪をとり分けよう。広くとりすぎず、黒目から黒目の間くらいの幅にしてね。

2 毛束をねじって前に押し出すよ

とり分けた髪を、ぐるっと1回ねじるよ。そのまま前へスライドさせて根もとをふくらませよう。

できあがり♥

3 毛先をピンで止めて固定しよう

毛先にピンを2本さして固定してね。ピンを並行に、左右両方からさすとくずれにくいよ！

前髪すっきり！ふんわり感がかわいいラクかわアレンジだよ♥

LESSON 2 ヘアアレンジ

サイドあみこみ

スタート

1 トップの髪をとり分けておこう

トップの髪をとり分け、ダッカールで固定しておこう！

2 耳上の毛をあみこみするよ

耳上の毛を、左右から後ろに向かってあみこみ（114ページ）し、後頭部で結んでひとつにまとめよう。

3 トップの毛をねじってピンでとめよう

① でとり分けたトップの毛をまとめたら、グルッと1回ねじり、ピンをさして固定しよう。

できあがり♥

あみ目とねじった毛を少し引きだすと、ふんわりかわいい♥

前髪を切りすぎちゃった！

どうしよう、切りすぎた！
短すぎる前髪をカバーできるテクを教えて〜！

LESSON **2** ヘアアレンジ

カラフルなピンを
たくさんつけちゃおう！

サイドに流して、ピンをたくさんつけちゃおう！　「×」にしたり、間隔をランダムにするとおしゃれ♪

カチューシャで
アップにしてもかわいい

思いきってカチューシャで前髪をアップにしちゃおう！　サイドの毛を巻いてお上品に♥

帽子でまるっと
カバーできちゃう！

帽子をかぶって、前髪ごとかくしちゃってもOK。とくにニット帽は、深めにかぶるとおしゃれだよ★

127

ステップ5 イベントに合った ヘアアレをマスターしよう

セレモニーや発表会、お誕生日会などなど、イベントに合わせた かわいいヘアアレを紹介しちゃうよ★

今度友だちのお誕生日会に行くことになったんだけど、ハルトくんも来るんだって！
どんな服にすればいいかな？　ヘアアレはどうしよーっ！

わぁ、すごいチャンスじゃない！
まかせて♥　わたしが誕生日会にぴったりのヘアアレを教えてあげるっ。
そういえば、ふたりとも修学旅行が近いよね？
いっしょに、**イベントに合ったアレンジの楽しみかたをマスターしよ♪**

イベント別ヘアアレのコツ

ポイント1
シーンに合わないアレンジはNG

セレモニーにカジュアルなヘアアレで行くなど、シーンに合わないアレンジはNGだよ。時と場所に合ったヘアアレを選んでね！

ポイント2
服に合わせてアレンジしよ

コーデに合わせてヘアアレすることも大切だよ！　かわいいヘアアレは、コーデをもっとおしゃれにアップデートできちゃうの♥

ポイント3
くずれにくいようにしっかりセット！

セレモニーや遠足では、くずれた髪を直すのはむずかしいよね。くずれないようにきっちりまとめて、スタイリング剤でかためちゃおう！

⭐ セレモニー

入学式や卒業式では、はなやかなアレンジに挑戦したいよね♪ ここではお嬢さま風のガーリーなアレンジを紹介するよ♥

LESSON ② ヘアアレンジ

くるりんゆるみつあみ

1

耳より上の毛を後頭部でひとつに結ぼう。結び目の上に穴を開けて、くるりんぱ！結び目を押さえながら毛を引き出そう。

2

くるりんぱした毛束と、残りの髪をすべてまとめてひとつにし、みつあみするよ。毛先まであんだらゴムで結んでね。

3

結び目を押さえながら、毛を少しずつ引きだしてルーズなみつあみにすると、ふんわりガーリーな印象に仕上がるよ♥

129

★ おけいこ

塾や習字などのおけいこごとでは、ラフさとおしゃれを両立したいよね♪ 定番ツインテールをかわいくアレンジしちゃおう♥

みつあみMIXツイン

1 髪をセンターでふたつに分け、耳の後ろあたりでふたつ結びにするよ。ざっくり分けると、カジュアル感アップ！

2 毛束のなかで、細いみつあみをつくっていくよ。ツインテールのなかから、細く毛束をとり分けてね。

3 とり分けた毛束をみつあみにし、毛先をゴムで結ぶよ。左右それぞれ、3本くらいずつつくろう♥

130

運動会

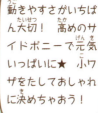

動きやすさがいちばん大切！ 高めのサイドポニーで元気いっぱいに★ 小ワザをたしておしゃれに決めちゃおう！

LESSON 2 ヘアアレンジ

ワザありサイドポニー

1

耳の上の高い位置にポニーテールをつくろう。頭のてっぺんに近いほど、元気いっぱいなイメージになるよ★

2

片手で毛先を持ち、根もとに向かってコームを入れてふわふわの逆毛を立てよう！

3

サイドポニーから毛束を少しだけとり、毛先までグルグルねじってね。ゴムをかくすように巻きつけ、ピンでとめよう。

131

遠足・修学旅行

楽しい遠足や修学旅行では、ヘアアレも特別にしちゃおう♪ 丸いツインおだんごで、キャラクターになりきって★

丸耳つきツイン

1

耳よりも高い位置で、髪をふたつ結びにするよ。えりあしから後れ毛がでないように、ブラシできっちりまとめてね★

2

片方の手で毛先をつまみ、根もとに向かってコームを入れて逆毛を立てよう。ふわふわにすると、おだんごが大きくなるよ♪

3

結び目を中心に、毛束をグルグルまきつけよう。おだんごの中心に向かってピンをさしてね。反対側も同じようにつくろう！

おまつり

浴衣に合わせてヘアアレも大人っぽくしちゃおう♥ むずかしそうに見えるけど、くるりんぱ（104ページ）を応用すればかんたんだよ♪

LESSON 2 ヘアアレンジ

くるりんギブソンタック

1

髪を後ろにまとめてひとつに結ぶよ。イラストのように、きっちりしすぎず少しゆるめに結ぶと、くるりんぱしやすいよ。

2

結び目の上に穴をあけて、上から下に向かってくるりんぱ！ 結び目を左右から引っぱって軽くしめてね。

3

残りの毛先が飛びださないように、上からくるりんぱ部分にしまいこもう。最後に上からピンをさして固定してね。

133

誕生日会

ドキドキの誕生日会は、いつもよりちょっぴりはなやかなアレンジに挑戦しよ♥ ヘアアクセにもこだわりたいよね♪

みつあみリング

1 髪をセンターでふたつに分け、耳の下あたりでふたつ結びにするよ。

2 毛束をみつあみして、毛先をゴムで結んでね。きつめにあむのが、キレイに仕上げるコツだよ★

3 みつあみでグルッとわっかをつくって、**1**の結び目と**2**の結び目を合わせてゴムでひとつにまとめよう。反対側も同じようにわっかをつくって。

結婚式

あこがれの結婚式♥
ドレスに合わせて、
ヘアアレもかわいく、
はなやかに♪ ちな
みに、結婚式では髪
をアップにするのが
ベストだよ！

LESSON 2 ヘアアレンジ

フラワーツイン

1

髪をセンターで分け、耳の上あたりでふたつ結びにするよ。それぞれきつめにみつあみして、毛先をゴムで結ぼう。

2

根もとを中心に、みつあみをグルグル巻きつけよう。正面から見たときに顔の真横にくるよう調整してね★

3

おだんごの中心に向かってピンをさしてとめよう。おだんごが浮かないように、ピンを何本かさしてしっかり固定してね。

135

ヘアアイロンでもっとアレンジを楽しもう

髪をセットするときに便利なのが、かんたんにストレートやカールがつくれるヘアアイロン。おうちの人にやってもらおう★

用意するもの

まっすぐにしたい！

ストレートアイロン

ふたつのプレートで髪をはさんでまっすぐにするよ。前髪にも使うなら、プレートは小さいものが◎。

巻き髪にしたい！

カールアイロン

棒に髪を巻きつけてカールをつくるよ。「コテ」と呼ばれることも！ 26mm前後の太さがおすすめ。

＋

カール用スタイリング剤

カールのもちをよくし、仕上がりをキレイにするために用意しよう。スプレータイプが便利だよ。

まずは準備しよう

背もたれのあるイスに座って準備するよ。やけどを防ぐために、タオルで背中と首をしっかりおおってね。ヘアアイロンをかける前に、ブラシでよくとかし、巻かない髪はダッカールでとめておこう。

注意！

ヘアアイロンは200度近い高温になるよ。やけどの心配があるので、かならずおうちの人にお願いしよう。また、アイロンをかけている間は、手や頭を動かさないようにしてね。

ストレートアイロンの使いかた

1 トップの髪を分けておこう
耳より上の毛はあとでかけるよ。トップでとめてダッカールで仮どめしておこう。

2 根もとからアイロンをオン
根もとからはさみ、毛先に向かってゆっくりプレートをすべらせていこう。

3 残りの髪にもアイロンをかけて
下半分が終わったら、とり分けておいた髪をおろし、同じようにアイロンをあててね。

カールアイロンの使いかた

1 髪を内巻きに巻いていこう
毛束をとり、カールアイロンで真ん中あたりをはさんだら、顔に向かって内巻きに巻こう。

2 ヘアアイロンを外そう
1 を数秒キープしたら、髪をすべらせてヘアアイロンを外すよ。同じように全体を巻いてね。

リバース巻きって？

内巻きは「フォアード巻き」、外巻きは「リバース巻き」と呼ぶよ。リバース巻きは、はなやかで大人っぽい印象に仕上がるよ♥

LESSON 2 ヘアアレンジ

137

Lesson3
毎日のケアがキレイの第一歩！
パーツ＆ボディケア

ステップ1 ▶142ページ
肌をうるふわにするスキンケアをマスター
うるおいがあってふわふわの肌をつくる、スキンケアをマスターしよ♪

ステップ2 ▶156ページ
つるぴかボディのためのケアをおぼえよう
おしゃれをもっと楽しむために、つるぴかボディをゲットしよ♥

ステップ3 ▶162ページ
毎日のヘアケアで髪の健康を守ろう
かわいいヘアアレにはヘアケアが必須！ シャンプーからおぼえよう★

入門

ステップ4 ▶170ページ
ネイルケア&アートでキレイ&かわいい指先に！
指先までこだわるのがおしゃれ上級者！休日はアートにも挑戦♪

ステップ5 ▶176ページ
特別な日に♥かんたんメイク術
お休みの日に特別な気分になれる、かんたんメイク術を大紹介！

ステップ6 ▶180ページ
ステキボディになるルールをおぼえよう
体を引きしめて理想の体型になるためのルールを教えちゃうよ♪

ステップ1 肌をうるふわにする スキンケアをマスター

うるうる&ふわふわでキレイな肌をつくるには、毎日のスキンケアが大切！　正しくケアできているか見直してみよう♪

スキンケアって、なんだかむずかしそう……。
大人がするものじゃないの？？

スキンケアは、お風呂に入ったり歯をみがいたりするのと同じくらい大切なこと！
正しいスキンケアをマスターすることで、ニキビや肌のカサカサ、テカテカなどのトラブルから肌を守れるんだよ♪

わたしは肌がちょっぴりテカテカしてて……。
毎日洗顔のあとはタオルで肌をこすってるよ。

わぁっ、それはダメ！
肌はとってもデリケートだから、傷がついちゃう……。
ほかにも、
✗ 洗顔のときに顔をゴシゴシこする
✗ 肌がテカテカしているから、保湿はしない
✗ ニキビをツメでつぶす
✗ メイクを落とさない
のは、肌にダメージをあたえちゃうからNGだよ！

3つくらいやっちゃってた〜！
正しいスキンケア、お勉強しなきゃっ。

スキンケアの3つのステップ

次の3つは、毎日やりたい基本のケア。なれれば短時間でできるようになるから、ぜひマスターしてね。

LESSON 3 パーツ&ボディケア

ステップ1
毎日の洗顔で肌をぴかぴかにしよう
肌についたごみやほこり、毛穴から出るあせや皮脂を、洗顔料でキレイに洗うよ。1日2回、朝晩洗ってね。

➡144ページへ

ステップ2
しっとり肌は保湿でゲット！
洗顔したあとは、化粧水をつけて肌にうるおいをプラス！さらに乳液をつけてうるおいをとじこめてね。

➡146ページへ

ステップ3
UVケアで美白をキープ！
太陽光線にふくまれている「紫外線」から肌を守るために、外出するときは日焼け止めをぬろう。

➡148ページへ

肌トラブルはどうすればいいの？
ニキビやカサカサ、テカテカなどの肌トラブルは、集中ケアで解決しよう！

➡150ページへ

正しい洗顔をマスターしよう

毎日の洗顔、きちんとできてる？　正しいやりかたをおぼえよう！

用意するもの

 洗顔料
 ターバン
 タオル

 スタート

1 洗顔料を泡だてよう

まず、ターバンで髪をまとめよう。顔全体と手をぬるま湯でぬらしたら、手のひらに洗顔料をとり、たっぷり泡だててね。

2 泡を顔全体に広げよう

手のひらで泡を顔全体に広げていこう。こすると肌にダメージを与えちゃうから、泡のスポンジでやさしく洗うイメージで。

144

3 ほおから順に洗っていこう

円をえがくようにしながら、ほおから洗おう。おでこ、鼻、あご、目のまわりは、指のはらで泡を転がすようにして洗ってね。

LESSON 3 パーツ&ボディケア

4 ぬるま湯でしっかりすすごう

すみずみまで洗ったら、ぬるま湯で10回以上すすごう。フェイスラインは、左手で右ほお、右手で左ほおと、手をクロスさせるとすすぎ残しを防げるよ！

5 タオルでやさしく拭こう

清潔なタオルを用意し、顔をやさしくおさえて水分を吸いとろう。ゴシゴシこするのは、肌に刺激を与えちゃうからNGだよ。

145

化粧水&乳液で保湿しよう

洗顔のあとは、なるべく早く保湿しよう！ 朝晩どちらも行ってね。

用意するもの

- 化粧水
- 乳液
- ターバン

スタート

1 化粧水をとり、顔全体に広げよう

手のひらに化粧水をとり、ほお→おでこ→鼻→口→目もとの順に、内側から外側へ向かってぬり広げていこう。小鼻やフェイスラインも忘れずに！

2 首にもしっかりぬり広げよう

顔だけではなく、首にもしっかり化粧水をつけよう。親指以外の4本の指で、フェイスラインから下方向にぬり広げてね。

3 手のひらで顔をプッシュ！

最後に両手で顔をつつみこみ、プッシュして化粧水を肌に密着させよう。うるおい状態を確認して、たりないところは重ねぬりしてね。

LESSON ③ パーツ&ボディケア

4 乳液をぬっていこう

化粧水のあとは、乳液をぬってうるおいをとじこめるよ。乳液を手のひらにとり、1〜3と同じようにぬっていってね。

オールインワンが便利！

朝いそがしい子は、オールインワンがおすすめ！ これは、化粧水や乳液、クリームなどが1本になっているもの。洗顔のあとはオールインワンだけでケアしちゃお♪

147

UVケアで日焼け対策しよう

朝のスキンケアのあとは、UVケアをして肌を紫外線から守ろう！

UVケアが必要なワケ

目には見えないけれど、太陽光線にふくまれている「紫外線」を浴びると、乾燥やニキビなどの肌トラブルの原因になるよ。日焼けの影響は5年後、10年後にあらわれることもあるから、未来の美肌のためにUVケアは徹底しよう！

注意!

うっかり日焼けにご用心！

紫外線は意外なときにも降りそそいでいるもの。"うっかり"日焼け止めをぬり忘れないように注意してね！

夏以外も
紫外線は4～9月をピークに1年中降りそそいでいるよ。日焼け止めは365日ぬってね。

くもっていても
雨やくもりの日でも、晴れの日の30～60％量の紫外線が地上まで届いているよ。

体育がなくても
体育がなくて、あまり外に出ない日もUVケアは必要。登下校の短時間でも焼けちゃう！

午後も
日没までは油断しちゃダメ！夕方はまだまだ紫外線量が多いから、UV対策をしてね。

室内でも
室内や車の中も要注意！紫外線は、窓やカーテンをすり抜けて部屋に入ってくるよ。

日焼け止めのぬりかた

フェイス

直径5ミリくらいの日焼け止めを、両ほお、ひたい、鼻、あごの5か所におくよ。内→外、外→内と指のはらを往復させ、顔全体にぬり広げてね。

ボディ

まずは1本線を引くように日焼け止めをのせよう。次に、手のひらを矢印のように往復させながら、うで先に向かってぬっていこう。

日焼け止めってどうやって選ぶの？

日焼け止めに書かれている「SPF」と「PA」は、紫外線から肌を守るための強さをあらわすよ。数値が高いものは肌への負担も大きいから、時間や目的に合わせて選ぼう！

SPF
肌が赤くなる原因、紫外線B波をカットする力。SPF1は約15〜20分カットできることになるよ。

PA
肌の奥に届き、将来のシワやシミの原因になる紫外線A波をカットする力。+が多いほど効果大！

日焼け止め選びのめやす

	登下校	屋外で遊ぶ	日差しが強い日
SPF	10〜20	20〜30	30〜50+
PA	+〜++	++〜+++	+++〜++++

LESSON 3 パーツ&ボディケア

肌トラブルレスキュー隊！

肌の三大お悩み、「ニキビ」「テカテカ」「カサカサ」をまるっと解決！ 正しいケアでトラブルをやっつけよう！

ニキビをなんとかしたい！

ニキビはどうしてできるの？

ニキビは、「皮脂」が大きな原因になってできるよ。毛穴の奥でつくられた皮脂は、本来、毛穴から出て肌のバリアになるの。だけど、思春期は皮脂の分泌量が多いから、皮脂の量が増えすぎて、外に出られずに毛穴をふさいでしまいがち。すると、詰まった毛穴に皮脂やゴミ、菌が入りこんで炎症を起こし、ニキビとして肌にあらわれるよ。

ニキビができるしくみ

皮脂は毛穴の奥の「皮脂腺」でつくられるんだ。皮脂と皮ふのカスが混ざって毛穴がふさがっちゃった！

皮脂が外に出られなくなって、毛穴の中にたまっていくよ。外からポツッと出て見えるのもこのころ。

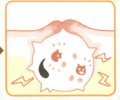

肌に住んでいる「アクネ菌」は、皮脂が大好物。増えると肌が炎症を起こすよ。これが赤いニキビの正体！

ニキビを予防する3つのポイント

ニキビは、できる前に予防することが大切！ 予防のためのポイントをおさえておこう。

LESSON 3 パーツ&ボディケア

ポイント1 肌を清潔に保とう

毎日きちんと洗顔をして、肌についた皮脂やゴミを洗い流そう。洗顔後の保湿もかかさずするようにしてね。

ポイント2 規則正しい生活を送ろう
つかれがたまると、ニキビができやすくなるよ。とくにぐっすり眠ることは大切！ 早寝、早起きを心がけてね。

ポイント3 肌によいものを食べよう

あぶらっこいものばかり食べると、肌までベタベタになってしまうよ。栄養バランスのよい食事を心がけてね。

「ケアだけじゃなくて、毎日の生活も大切なんだね！」

それでもニキビができてしまったら？

ニキビをさわったり、つぶしたりするのはダメ！ バイ菌が入ってニキビが悪化したり、あとが残ってしまうことがあるよ。さわらず、「アクネケア」用の洗顔料や保湿アイテムでケアをしてね。なかなか改善しない場合は、おうちの人に相談して病院に行こう。

151

肌があぶらっぽくてテカテカ

顔がテカテカするのはどうして？

皮脂（150ページ）が多すぎるせいで、テカテカして見えているよ。思春期は、皮脂がたくさん出やすいから、気にしすぎなくてもだいじょうぶ。ただし、朝と夜洗顔をしても、あまりにもあぶらっぽくなる場合は、お手入れや食事を見直そう！

テカテカを解決する3つのポイント

ポイント1　正しい洗顔で皮脂を落とそう
朝と夜の洗顔で、余分な皮脂を落とそう。「さっぱりタイプ」の洗顔料を使うのもおすすめ。

ポイント2　保湿をきちんとしよう
あぶらっぽいからと、保湿をしないのはNG。乾燥で肌トラブルが起こることもあるよ。

ポイント3　食事内容を見直そう
あぶらっこいものやスナック菓子はひかえめに！　野菜やくだものを意識してとろう。

気にしすぎるのもよくないんだね！

洗顔のしすぎはNG！

テカテカが気になるからといって、洗顔しすぎたり、油とり紙で皮脂をとりすぎたり、タオルでごしごし拭くのはNG。肌にダメージを与えてしまうよ。やさしく、ていねいを心がけてね。

肌が乾燥してカサカサ

顔がカサカサするのはどうして？

肌がカサカサするのは、乾燥が原因だよ。乾燥の理由は、秋や冬の湿度の低下、暖房、お手入れ不足、紫外線などさまざま。きちんとケアして、肌にうるおいを与えよう。肌だけでなく、くちびるやボディもしっかり保湿してね。

とくに冬はしっかり保湿しよう！

カサカサを解決する3つのポイント

ポイント1　きちんと保湿をしよう
肌をカサカサから守るには保湿が大切。朝夜2回、化粧水＋乳液で保湿してね。

ポイント2　日焼け止めをきちんとぬろう
日焼け止めをぬって、肌を紫外線から守ろう。保湿成分が入ったタイプのものがおすすめ！

ポイント3　洗顔は省かないで
「皮脂が落ちちゃう」と洗顔を省くのはNG。古い皮脂や汚れはダメージの原因になるよ。

クリームでスペシャルケア！

冬など、とくに乾燥が気になるときは、化粧水＋乳液に、クリームをたしてみよう！　クリームはふくまれている油分の量が多いから、肌にうるおいをとじこめてくれるよ。

スキンケアのお悩み Q&A

お肌にまつわる悩みや、そぼくなギモンをまとめて解決するよ！

Q 化粧品はお母さんのものを使ってもいい？

A 使ってもだいじょうぶだよ。だけど、子どもと大人の肌の状態はちがうから、肌の調子を見て使い続けるか判断してね。また、勝手に使わずに、「使ってもいい？」ってお母さんに確認してから借りよう！

Q 日焼けしちゃった！どうしよう

A 日焼けした肌はやけど状態になっているから、まずは冷やすことが大切！ コットンに水をふくませて、肌にはりつけよう。熱が引いたらいつも通りケアをしてOKだけど、刺激に弱くなっているから、ふだんよりやさしく！

Q クマができて顔色が悪く見えるよ～

A 目の下にクマができるのは、寝不足などで顔の血のめぐりが悪くなっているのが原因だよ。クリームやジェルを使って目のまわりを中心にマッサージをしてみよう。また、湯船につかると血のめぐりがよくなるよ。

Q 小鼻の黒いぽつぽつはどうすれば消えるの？

A 毛穴の皮脂が汚れと混ざって黒くなっているのが原因だよ。たっぷりの泡でやさしく洗って、余分な皮脂をとりのぞこう。ひどいときは、毛穴パックを使ってもOKだけど、2週間～1か月に1度くらいにしておいてね。

Q くちびるの皮がむけちゃう

A くちびるには、皮脂腺がないため乾燥しがち。こまめにリップクリームをぬって保湿しよう。やわらかいリップを選ぶと、くちびるへのダメージを減らせるよ。なめるとだえきといっしょに肌の水分が蒸発してもっと乾燥しちゃうから、注意してね！

LESSON 3 パーツ&ボディケア

155

ステップ2 つるぴかボディのための ケアをおぼえよう

おしゃれをもっと楽しむには、ボディケアで体をピッカピカに
みがくことが大切！ 毎日のケアのやりかたを紹介するよ♪

ボディケア4つのポイント

あこがれのつるぴかボディを手に入れるための4つのポイントを紹
介するよ。

ポイント1
体を清潔にしよう

体をきちんと洗って清潔に
するのは、ボディケアの基
本の「き」だよ。毎日のお
風呂の入りかたを、一度見
直してみよう。

➡157ページへ

ポイント2
体もクリームで保湿しよう

肌と同じように、体も保湿
が大切！ すべすべ肌を
ゲットするために、お風呂
のあとはクリームなどで全
身を保湿しよう。

➡159ページへ

ポイント3
においのケアを大切に

いやなにおいは、まわりの
人を不快にさせてしまう可
能性があるよ。「においポ
イント」を中心に、意識し
てケアしていこう！

➡160ページへ

ポイント4
ムダ毛は正しく処理

せっかくかわいい服を着てい
ても、わき毛がボーボー、な
んてはずかしいよね。正しい
処理をマスターして、レディ
の仲間入りしよう！

➡161ページへ

156

正しいお風呂の入りかた

毎日入るお風呂。正しく入れているか、一度確認してみよう！

LESSON 3 パーツ&ボディケア

毎日湯船につかるのがベストだよ♪

シャワーで済ませず、毎日湯船につかるようにしよう！全身があたたまって血のめぐりがよくなるし、1日のつかれがいやされるの。毛穴が開くから、体の汚れもしっかり落ちるよ。全身がポカポカとあたたまるよう、10～15分くらいつかってね。

キレイをつくるお風呂テク

その1 食後すぐ入るのはNG
食事のあとすぐに入ると、胃に負担がかかってリラックスできないよ。食後30分くらいあけるようにしてね。

その2 お湯はややぬるめに
熱すぎるお湯は体の負担に！38～40度くらいの、ちょっとぬるめのお湯につかるとつかれがとれるよ♪

その3 入浴後は水分をとって
湯船につかると、思っている以上にあせが出るよ。お風呂から出たら、しっかり水分補給をして体をうるおしてね。

その4 ゆっくり呼吸しよう
湯船につかったら楽な姿勢で目をとじ、鼻でゆっくり呼吸してみよう。深い呼吸は、リラックス効果を高めてくれるよ！

その5 入浴剤を使うのも◎
お風呂では、ゆっくりくつろぐことが大切♪お気に入りの入浴剤を入れて、のんびり香りを楽しみ、リラックスしよう。

157

体洗いのポイント

体の部位によって洗いかたを変えよう！

体には、部位によって皮脂がたくさん出る場所、皮ふの表面にできる「角質」が厚い場所があるよ。あせをかいたり、汚れたりした部分はもちろん、皮脂腺が多い部分はとくにていねいに洗うようにしよう。洗顔と同じようにボディソープをしっかり泡だてて、やさしく洗ってね。

皮脂が多い
胸、わき、背中など

角質が厚い
かかと、ひじ、ひざなど

皮脂が少ない
うで、すね、手の甲など

用意するもの

ボディソープ
「しっとり」「さっぱり」などがあるから、肌の状態に合わせて選ぼう。

ボディタオル
やわらかいメッシュ素材のタオルがおすすめだよ♪

ゴシゴシこすると肌にダメージを与えちゃうよ。泡でつつむように洗ってね♪

体もしっかり保湿しよう

スキンケアと同じように、体の保湿も習慣化しよう！

お風呂あがりは、体が乾燥しがち。なるべく早く体を保湿しよう。できるだけ20分以内の保湿を心がけてね。とくに、左ページの「皮脂が少ない」部位にあたるうでやすねは乾燥しやすいから、しっかりうるおいを与えよう。

LESSON 3 パーツ&ボディケア

ボディケアアイテムの種類

ボディローション
ローションは化粧水のこと。油分をふくまず、さっぱりしているよ。

ボディミルク
ミルク、つまり体用の乳液のこと。サラッと保湿したいときに◎！

ボディクリーム
ミルクよりも油分が多く、保湿力はつぐん！冬のケアにおすすめ。

ボディオイル
体用の美容オイルのこと。クリームと同じくらい保湿力があるよ。

においケアを大切に

あせをかく時期はとくに心配……。ケアしてにおいをやっつけよう！

こんなにおいに注意！

とくに気をつけたいのが

あせ
あせをほうっておくと、菌が増えていやなにおいに。あせをかくときはタオルと着替えを持ち歩こう。

足のにおい
くつの中は、菌が増えやすい環境。替えのくつ下を用意しておくとGOOD！

わきのにおい
わきの下はほかのところよりあせが出やすいよ。あせをこまめに拭き、清潔に！

頭
頭皮はフケと皮脂が出やすく、菌が増えやすいよ。毎日きちんと洗って。

口
食後の歯みがきを徹底しよう。虫歯はにおいの原因になるから、早めに治そう。

洋服
こまめに洗濯して、きちんとかわかそう。生がわきは、いやなにおいの原因に！

においケアアイテム

スプレータイプ

シュッと吹くとパウダーが出て、においを殺菌するタイプ。

シートタイプ

あせを直接拭きとるタイプ。運動後に使うとさっぱりするよ。

ウォータータイプ

つけるとひんやりすずしくなるよ。夏の暑い時期におすすめ。

ムダ毛は正しく処理しよう

おしゃれを楽しむためにも、ムダ毛はキレイにそろう！

LESSON 3 パーツ&ボディケア

皮ふを傷つけないようにていねいにそろう

わき毛が生えていたら、カミソリでキレイにそってしまおう。脚やうでの毛は生えていても問題ないけど、気になるならそってもOK。そったあとは、ボディクリームで保湿しよう。刃をあててダメージを受けた肌を刺激から守れるよ。

用意するもの

カミソリ

T字になっているカミソリがおすすめ。広い範囲をそれるよ。

専用クリーム

刃のすべりをよくする専用のクリーム。そる前に肌にぬり広げてね。

ムダ毛のそりかた

わき毛

わき全体に専用のクリームをぬり、鏡を見ながら毛の流れにそってそり、最後にクリームを洗い流そう。

脚・うで
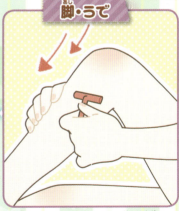
専用クリームをぬり、毛の流れにそって上から下にカミソリをすべらせて。最後にクリームを流すよ。

ステップ3 毎日のヘアケアで髪の健康を守ろう

ヘアケアで、髪をサラサラ＆ツヤツヤに！　正しい洗いかたやわかしかた、ブラッシングのしかたをマスターしよう♪

うーん……。
ヘアアレしてもなんだかイマイチ決まらないな～。
やりかたは合っているはずなのに……。

ミオちゃん、**ヘアケアはきちんとやってる？**

えっ、ヘアケア？
シャンプーは毎日してるけど……。

いくらかわいいヘアアレをしても、
髪がいたんでいたら台なし！
正しいシャンプーとドライ、
ブラッシングのやりかたをマスターして、
うるつやヘアをめざそっ♪
**髪が健康だと、まとまりがでて
アレンジもしやすくなるんだよ♪**

たしかに、わたしの髪ってちょっぴりパサついてるかも……。
髪を健康にすれば、ヘアアレもばっちり決まるんだね♪

ヘアケアの3つのステップ

毎日やりたいヘアケアは、次の3つだよ。ステップ1のシャンプーと2のドライはセットで、3のブラッシングは毎朝やってね。

LESSON 3 パーツ&ボディケア

ステップ1
毎日のシャンプーで頭皮を清潔にしよう

シャンプーで髪や頭皮の汚れをしっかり落とそう。毛穴がキレイになると、生えてくる髪も健康になるよ♪

➡164ページへ

ステップ2
シャンプーのあとはドライヤーでかわかそう

ぬれた髪をそのままにして寝ると、寝ぐせがついたり、髪がいたむ原因に。ドライヤーできちんとかわかそう！

➡166ページへ

&

ステップ3
ブラッシングでサラサラヘアをGET！

ブラッシングは、ブラシを使って髪をとかすこと。髪の汚れや抜けた毛をとりのぞいたり、髪をツヤツヤにしたりする効果が！

➡168ページへ

163

正しいシャンプーをおさらい

きちんと汚れを落とすためのシャンプーのやりかたをおぼえよう！

用意するもの

シャンプー
いろいろなタイプがあるから、髪の状態に合ったものを選ぼう！

コンディショナー
「リンス」とよばれることも。髪のすべりをよくするよ。

ブラシ
シャンプーの前にかけるよ。目があらいものがおすすめ！

タオル
清潔なものを用意しよう。洗わずに使うと、汚れが髪についちゃう！

1 シャンプーの前にブラッシング

目があらいブラシやコームか手ぐしで、髪のもつれをほどこう。からまったままの髪をぬらして洗うと、ダメージを与えてしまうから気をつけて！

2 ぬるま湯でしっかりぬらそう

頭皮まで指を通しながら、髪と頭皮を十分にぬらそう。シャンプーの泡だちがよくなって、皮脂や汚れが落ちやすくなるよ。

スタート

3 たっぷりの泡で頭皮を洗おう

指のはらを使い、頭皮全体にシャンプーをいきわたらせてね。耳の上や髪のはえぎわ、えり足もしっかり洗ったら、ぬるつきがなくなるまですすごう。

4 コンディショナーをつけよう

軽く水気をきったら、いたんでいる毛先を中心にコンディショナーをなじませよう。すすぐときは、手ぐしで毛流れをととのえるようにしながら！

5 タオルで水気を拭きとろう

両手を使い、やさしく包みこむようにタオルで髪をはさんで、水分をとろう。髪をこすり合わせるとダメージを与えてしまうから、やさしく拭いてね。

ドライヤーできちんとかわかそう

毛先がまとまってキレイに仕上がる、かわかしかたをレクチャー！

用意するもの

ドライヤー
風量があって、温風と冷風が両方出るものがおすすめだよ！

タオル
ドライヤーをあてる前にタオルで水気を拭きとるよ。清潔なものを用意しよう。

スタート

1 タオルで水気を拭きとってから

髪がびしょびしょの状態でドライヤーをあてると、毛がからまりやすくなるよ。タオルでおさえて、水気を吸わせてね。

2 髪の根もとからドライヤーをあてよう

ドライヤーは、髪から10㎝くらい放し、根もとからかけるよ。まずは頭頂部から、指を左右に動かしながら、前髪まで温風をあてよう。

3 耳より後ろをかわかそう

次に、頭頂部の耳より後ろの毛をかわかすよ。つむじの左右から、髪をつむじにかぶせるように指を通し、根もとを起こしながらかわかそう。

LESSON 3 パーツ&ボディケア

4 毛の流れをととのえ毛先までかわかそう

根もとがかわいたら、今度は毛先に向かってドライヤーをあてていくよ。まずはサイドの毛を、手ぐしですきながらかわかしていってね。

5 最後までかわかし、冷風をあてよう

耳より後ろの毛は、内側から指を入れてかわかしていくよ。完全にかわいたら、冷風をあてよう。キレイなスタイルを保てるよ♪

ブラッシングでサラサラヘアに！

朝起きたら、ブラッシングをして髪をサラサラにしよう！

用意するもの

ブラシ
頭皮を傷つけないよう、先端が丸いタイプがおすすめだよ♪

スタート

1 髪のからまりを指でほぐそう

いきなりブラシを入れると、髪がからまっちゃうよ。まずは指で、毛先のからまりをほぐそう。

2 毛先からブラシをかけよう

いよいよブラシをかけるよ。まずは、からまりを完全にほぐすために毛先からとかしてね。

3 ブラシを全体にかけよう

根もとから毛先に向かって、全体をていねいにとかそう。前髪や後ろ側にも忘れずにかけて♪

ヘアケアのお悩みQ&A

髪にまつわるふたつのお悩みを解決しちゃうよ♪

Q 寝ぐせがひどいとき、どうやって直せばいいの？

A 寝ぐせは、髪の根もとからついているの。だから、水や市販の「寝ぐせ直し剤」で根もとをぬらして、ドライヤーでかわかし直すのがいちばん手っとり早いよ☆ どうしても直らないときは、ピンでとめたり、みつあみをしてかくしちゃおう！

Q 髪がからまっちゃった！どうしよう～!!

A 無理やりブラシを通そうとするのは絶対ダメ！ 余計からまって、ほぐれなくなっちゃうよ。洗い流さない「アウトバストリートメント」や「ヘアオイル」などの専用のスタイリング剤を毛先につけて、指でゆっくりほぐしていこう。

LESSON 3 パーツ&ボディケア

ステップ4 ネイルケア&アートでキレイ&かわいい指先に!

おしゃカワガールは、細かいところにもこだわるもの！ ツメをケアして、ピカピカにしよ♥ かわいいネイルアートも紹介するよ！

わぁっ！
リンカちゃんのネイルアートすっごくかわいい♥

えへへ♪ ありがとう！
お休みの日はマニキュアでネイルアートにチャレンジしちゃおう♪
それに、**指先って意外と見られている**から、きちんとお手入れしないとね！

まずは ツメをキレイにととのえよう

ボロボロで長くのびたツメは、相手にだらしない印象を与えてしまうよ！ 1週間に1回は切るようにしてね。ツメ切りだけでもととのえられるけど、ツメヤスリやハンドクリームを用意すると、よりキレイに仕上がるよ♪

手のひら側から見て指先からツメが出ていたら切りどきだよ！

用意するもの

←のような、「平型」のタイプが扱いやすくておすすめだよ。

ツメ切り

ツメヤスリ
ツメの形をととのえるのに便利だよ。「エメリーボード」ともよばれるよ。

ハンドクリーム
手とツメを保湿するアイテム。ネイルケアにも使えるものを選ぼう。

ツメのととのえかた

1 ツメの先を切ろう

最初にツメの長さを決めるよ。白い部分を1mmくらい残して、まずはツメの先を横にまっすぐ切ろう。

2 左右を切って角をとろう

角がとがらないように、ツメの左右を切るよ。切りすぎず、白い部分がツメ先より上に残るようにしてね。

3 ヤスリで形をととのえよう

ツメヤスリか、ツメ切りのうらについているヤスリで形をととのえるよ。このとき、ヤスリは往復させず、一方向に動かしてね。

4 ハンドクリームで保湿しよう

ハンドクリームでツメを保湿するよ。クリームをツメの根もとにつけて、反対の指で全体になじませよう。

LESSON 3 パーツ&ボディケア

ツメみがきでツヤツヤに★

ツメをみがいてツヤツヤネイルに♪ まずは、ツメの表面にヤスリをかけるよ。次にツメみがき（バッファー）でツメの表面をみがこう。やりすぎるとツメがうすくなっちゃうから、1か月に1回くらいにしてね。

ネイルアートにチャレンジ！

お休みの日は、おしゃれに合わせてネイルアートを楽しもう！
おうちの人に相談してから挑戦してね♪

用意するもの

ベースコート
マニキュアの色がツメにうつらないように、下地としてぬるよ。

マニキュア
ツメに色をつけるためのアイテム。何色か持っておくと◎。

トップコート
仕上げにぬる透明のマニキュア。ツヤが出て、もちがよくなるよ。

アート
ネイルをかざるためのもので、シールやラメなどがあるよ。

除光液
ネイルを落とすときに必要。コットンもいっしょに用意してね。

ぬるときの姿勢

手が安定していないと、ムラになったりはみ出したりして、キレイにぬれないよ。手をきちんと固定するために、つくえにひじと手の甲をつけ、指先を曲げてぬろう。

注意！

ネイルのしすぎは、ツメに負担がかかるよ。ツメが割れやすくなったり、白や紫などに変色しはじめたら、いたんでいるサイン！　ただちにネイルをストップしてようすを見てね。しばらく治らなかったら、おうちの人に相談して病院へ行こう。

マニキュアのぬりかた

1 ベースコートをぬろう

ベースコートをハケにとったら、ボトルの口に筆先を3回くらいあて、余分な液を落とそう。

2 ツメの先端からぬっていくよ

最初はツメの先端、切り口にぬるよ。こうすることで、マニキュアがはがれにくくなるの！

3 真ん中からぬろう

ツメの表面は、真ん中からぬるよ。ツメの根もとからツメ先に向かって一気にぬろう！

4 両わきをぬっていこう

真ん中と同じように、両わきもぬっていこう。すき間ができないように注意してね！

5 マニキュアをぬろう

ベースコートがかわいたらマニキュアをぬるよ。ツメの先端→真ん中→両わきの順でぬってね。

6 トップコートをぬろう

マニキュアがかわいたら、仕上げにトップコートをぬろう。先端、真ん中、両わきをぬってね。

マニキュアの落としかた

1 コットンに除光液をオン

コットンを用意し、除光液をたっぷりしみこませるよ。

2 ツメにのせてふきとろう

ツメにコットンをのせてしばらくなじませてから、ふきとってね。

ぬりっぱなしはツメにダメージをあたえるからNG！

めちゃカワ♡ネイルアートカタログ

まずは手のツメのアートを紹介♪
コーデに合わせたり季節によって変えたりして楽しんでね★

マニキュア

水玉ガーリーネイル

パステルピンクのマニキュアを全体にぬり、ピンク、紫を重ねるよ。白で水玉をかき、ツメ先にラインストーンをのせて、仕上げにトップコートをぬろう。

スターポップネイル

黄色のマニキュアを全体にぬり、かわいたら赤と緑でツメ先と根もとにラインを引こう。青のマニキュアで星をかき、仕上げにトップコートをぬってね。

大人っぽマリンネイル

青のマニキュアを数本用意し、根もとからグラデーションになるようにぬるよ。白でラインを引き、パールを3つのせたら、仕上げにトップコートをぬろう。

クールなキャットネイル

緑のマニキュアを全体にぬるよ。かわいたら、黒のマニキュアでイラストのようにネコをかいてみよう。最後にトップコートをぬれば完成だよ！

大人かわいいレースネイル

ラベンダーカラーのマニキュアを全体にぬるよ。レースのシールとラインストーンをツメ先と根もとにおき、最後にトップコートをぬって仕上げよう。

つぶつぶイチゴネイル

赤のマニキュアを全体にぬり、緑でへたをかいてね。つまようじに白のマニキュアをつけ、小さなドットをかくよ。トップコートをぬって完成！

バイカラーリボンネイル

白のマニキュアを全体にぬり、かわいたら半分から上を青くぬってね。リボンのシールとラインストーンをのせ、トップコートをぬろう。

LOVEストライプネイル

水色のマニキュアを全体にぬるよ。ダークブラウンで3本ラインをかき、フチを白で囲って。赤で文字とハートをかき、トップコートをぬろう。

LESSON 3 パーツ&ボディケア

ペディキュア

ペディキュアは、足のツメのアートのこと。サンダルをはく夏や、お泊まり会で足を見せるときに挑戦するのがおすすめだよ♪

赤×白LOVEネイル

白のマニキュアをすべての指にぬろう。親指、中指、小指に赤で♥をかき、人さし指と薬指はかざりラインを引くよ。白で文字をかき、トップコートで仕上げて。

トリコロールマリンネイル

親指以外に、赤、白、青でボーダーをかこう。親指は、全体に青をぬり、ツメ先に赤をオン。白と黄色で星と貝、ドットをかき、トップコートで仕上げて。

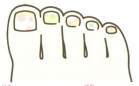

春パステルなお花ネイル

パステルイエローと白のマニキュアを使い、地をバイカラーでぬってね。ピンクと緑で小さな花をちりばめたら、トップコートをぬって完成だよ。

HAPPY♪ポップネイル

黄色、赤、青、黄緑、紫の5色のマニキュアを、それぞれの指にぬるよ。白で文字をかき、黒で♪をかいたら、トップコートをぬって仕上げてね。

175

ステップ5 特別な日に♥ かんたんメイク術

特別なおでかけのときにチャレンジしたい、かんたんメイクを紹介するよ♪ いつもとちょっとちがう自分に変身しよう♥

かんたんメイク3ステップ

雰囲気を変えて特別な気分になれちゃう、かんたんメイク。次の3ステップで完成するよ☆ おうちの人に相談してから挑戦してね！

ステップ1
まゆをととのえよう
まゆ毛は、顔のイメージを変えちゃうくらい影響力があるパーツ。ムダな毛はカットし、コームでとかしてキレイにととのえよう！ きちんと感をゲットできるよ♪

ステップ2
マスカラをぬろう
まつ毛にマスカラをぬると、目のりんかくがはっきりしてはなやか顔に変身できちゃうよ♪ マスカラの前に、ビューラーでまつ毛をくるんとカールさせるとGOOD★

ステップ3
リップをぬろう
色つきリップやグロスをぬって、ぷるるんくちびるをゲットしよう♪ 口もとが色づくと、よりはなやかな印象になるよ。

ステップ1 まゆをととのえよう

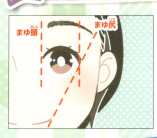

まゆ毛の形を決めよう

まずは、鏡を見ながらまゆの形を決めよう。目頭から真っすぐ上にのばしたところより、約5mm内側に「まゆ頭」、目尻から真っすぐ上にのばしたところと、くちびるの端と目尻をつないだラインの間に「まゆ尻」があるのが理想のまゆの形だよ★

まゆのかきかた

用意するもの

アイブロウ

まゆ毛をかく専用のペンシル。コームつきが便利だよ。

専用ばさみ

まゆ毛をカットしやすい形になっているはさみだよ。

かがみ

自立する鏡をえらぼう！両手があいてメイクしやすいよ♪

1 まゆをコームでとかす

アイブロウの後ろについているコームでまゆをとかし、毛の流れをととのえよう。長い毛、短い毛を確認しやすくなるよ。

2 まゆ頭方向へかこう

まゆの真ん中からまゆ頭に向かって、アイブロウでまゆをかいていこう。毛と毛の間を埋めるように、1本ずつかいてね。

3 まゆ尻方向へかこう

まゆの真ん中から、まゆ尻に向かってかいていくよ。まゆ頭よりややうすく、まゆ尻に向けて細くなるようにかくとGOOD♪

4 余分な毛をカット！

もう一度コームでとかして、アイブロウをなじませてね。余分な毛は、はさみでカットしちゃおう。鏡で確認して完成だよ★

177

ステップ2 マスカラをぬろう

用意するもの

マスカラ

黒か茶のものをえらぼう。ナチュラルに仕上がるよ♪

1 根もとをはさむ

目を軽くふせて、ビューラーでまつ毛の根もとをはさんでグッとにぎるよ。

2 手首を返す

手首を返してビューラーをまつ毛の根もと→真ん中→毛先に移動させよう。

ビューラー

まつ毛をはさんでくるんとカールさせるために使うよ。

3 マスカラをぬる

ブラシにマスカラ液をつけ、まずはまつ毛の根もとにセットしよう。

4 毛先までぬっていく

小きざみに左右にゆらしながら、毛先に向かってマスカラをぬろう。

かがみ

自立するものを用意してね★

ステップ3 リップをぬろう

用意するもの

 くちびるを乾燥から守ってくれる！

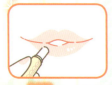

1 薬用リップをオン

くちびる全体に薬用リップをぬろう。グロスがよくなじむよ。

2 グロスをぬろう

グロスをぬるよ。上下のくちびるをすり合わせてなじませて。

薬用リップ
色つきグロス

くちびるをぷるぷるにしてくれるよ★

かがみ

自立するものを用意しよう。

メイクはしっかり落とそう

肌にメイクが残っていると、ニキビや肌荒れの原因になっちゃうよ！ つけっぱなしにせず、家に帰ったら正しいやりかたですぐにメイクを落としてね。

LESSON 3 パーツ&ボディケア

用意するもの

メイク落とし
オイルやクリームなど、種類はいろいろ。肌に合うものをえらぼう！

コットン
化粧用のコットン。マスカラを落とすときに使うよ！

綿棒
先端に綿をまきつけた棒。マスカラを落とすときに使うよ。

1 メイク落としを顔全体に広げる
メイク落としを手にとり、メイクをしたところに広げるよ。指でくるくるとなじませていこう。

2 マスカラを綿棒で落とそう
コットンをまつ毛の下にあて、メイク落としをつけた綿棒で、なでるようにマスカラをふこう。

3 ぬるま湯でしっかりすすごう
ぬるま湯でメイク落としを洗い流そう。このあとは、いつもどおりに洗顔してね（144ページ）。

ステップ6 ステキボディになるルールをおぼえよう

「もっとスタイルがよくなりたい」という子、必見！ あこがれのステキボディをゲットするためのテクを教えるよ♪

ステキボディって何？

体重だけ落としても、筋肉がついていないとスタイル美人とはいえないよ。しなやかな筋肉が適度についていると、メリハリのあるスラッとしたボディをゲットできるの。体重だけ落とすと、見た目も不健康だし、体をこわしちゃうこともあるよ。

つまりステキボディは
適度に筋肉がついて引きしまった体
のこと！

注意！ 無理なダイエットはNGだよ！

成長期に無理なダイエットをすると、必要な栄養がたりなくて身長がのびなかったり、骨ももろくなったり、肌がボロボロになったりするよ。それに、将来の自分の赤ちゃんの健康にも影響するから絶対ダメ！

太ってないのに
太ってると
思いこんでる子が
多いんだって！

理想のボディをつくる2つのルール

ルール1 食事はバランスよくとる！

ダイエットのために食事を抜いたり量を減らしたりするのはNG！ きちんと食べないと必要な栄養がたりなくなって、体調が悪くなったり、背がのびなくなったりするよ。ほかにも、肌あれやパサパサ髪の原因になることも。キレイになるための食事を勉強してね！

ルール2 適度な運動で引きしめる！

筋肉をつけるには、運動をするのがいちばん！ 筋肉をつけると、脂肪が燃えやすくなったり、体が冷えにくくなったりと、うれしい効果もあるの♪ ただし、やりすぎはケガなど、体をいためる原因になるから、自分のペースで行おう。

これも大切! 代謝を高める生活を送ろう

代謝とは、「食べたものを体内で燃やして、活動するためのエネルギーに変えるはたらき」のこと。代謝がよいと、食べても太りにくい体になるし、運動の効果も出やすくなるんだよ！右のポイントを意識した生活で、代謝を高めよう★

- □ 規則正しい生活を心がける
- □ 早寝早起きをする
- □ お風呂にゆっくりつかる
- □ 体を冷やさないようにする
- □ 運動して筋肉をつける
- □ 3食きちんと食べる
- □ こまめに水分補給をする
- □ 姿勢を正す

LESSON 3 パーツ&ボディケア

キレイになる食事のとりかた

ステキボディになるための食事のポイントを知っておこう！

ステキボディをゲットするには、きちんと食事をとることが大切なんだね！具体的にはどんな食事を心がければいいの？

まずは1日3食、きちんと食べること。それから、栄養バランスのいい食事を心がけることと、カロリーを意識して食事をすること！具体的に見ていこう♪

キレイをつくる食べかた

1日3回の食事のなかでもっとも大事なのは、その日のパワーの源になる朝ごはん。寝坊したり食欲がなかったりして抜いてしまう子もいるけど、かならず食べるようにしてね。それから、いろいろな種類の食材を食べる、夜遅くに食べすぎない、おかしやジュースをひかえめにすることも大切だよ。

おかしやジュースにはお砂糖がたくさん入っているんだって！少しならいいけど、食べすぎると太る原因になっちゃうよ。

✗こんな食事はNG！

✗ 食事を抜く
空腹を感じると、体は次に食べたものをためこもうとするため、脂肪がつきやすくなるよ！

✗ 好ききらいが多い
苦手な子が多い野菜や豆製品には、キレイになるための栄養がたっぷりふくまれているよ。

✗ おかしを食事代わりにする
必要な栄養がとりきれなくなるから絶対ダメ！

✗ 同じものばかり食べる
いろんな食材からたくさんの栄養素をとることが大切だよ。

✗ 早食いする
食べすぎの原因に。よくかんで、ゆっくり食べてね。

栄養バランスのいい食事って？

かんたんにいうと、**栄養素のバランスがととのった食事**のことだよ。**栄養素は、人間が生きるために必要**なもので、食べものにふくまれているの。**栄養素はそれぞれ助け合いながらはたらく**から、いろいろな栄養素をバランスよくとることが大切なんだよ♪

LESSON 3 パーツ＆ボディケア

体をつくるおもな栄養素

代表的なものだけでも46種類ある栄養素のうち、とくに重要な「5大栄養素」を紹介するよ♪

1 炭水化物（糖質）
体や頭をはたらかせるエネルギー源になるよ。不足すると力が入らない、集中力がなくなるなどの原因に。

よくふくまれるのは
ごはん、パン、パスタ
めん類、いも
など

2 たんぱく質
筋肉、骨、血液、内臓のもとになる、体をつくる栄養素。骨や髪、ツメを育てる役割ももっているよ。

よくふくまれるのは
肉、魚、卵、とうふや納豆などの豆製品
牛乳やチーズなどの乳製品 など

3 脂質
体のパワーの源になるよ。髪や肌をうるおすはたらきも。カロリーが高いから、とりすぎには注意してね。

よくふくまれるのは
バター、ごま油、牛肉、
ぶた肉、マヨネーズなど

4 ビタミン
体の調子をととのえてくれるよ。ビタミンA、ビタミンCなどたくさんの種類があるから意識してとってね。

よくふくまれるのは
野菜、くだもの
肉、魚など

5 ミネラル
体の調子をととのえるはたらきが。歯や骨のもとになるカルシウム、血の材料になる鉄分などがあるよ。

よくふくまれるのは
牛乳やチーズなどの乳製品、
小魚、海そう類など

食物繊維をきちんととろう！
ステキボディにかかせないのが「食物繊維」。便通をうながしてすっきりさせてくれるから、便秘を解消してぺたんこおなかをつくる強い味方に！

よくふくまれるのは
きのこ、ごぼう、
こんにゃく など

183

カロリーを意識してみよう

人は、食べたものをエネルギーに変えて体を動かしているの。この、エネルギーの熱量をあらわす単位が「カロリー」。カロリーには「摂取カロリー」と「消費カロリー」があるよ。消費カロリーより摂取カロリーが多くなると、エネルギーが使われずに体にたまっていって、太ってしまうんだ！

摂取カロリー
食べものからとるカロリーのこと。パッケージなどに書かれた「kcal」という単位が、その食品のカロリー量になるよ。

消費カロリー
体を動かすために使われるカロリーのこと。運動だけではなく、心臓や脳を動かすためにもカロリーは使われるよ。

つまり

栄養バランスとカロリー、両方を意識することが大切！

同じカロリーの食べものでも、ふくまれている栄養素は全然ちがうんだ。ステキボディになるには、カロリーを考えつつ、栄養バランスがよい食事をとることが大切なんだよ★

片方だけじゃダメなんだねっ

スナック菓子
1袋（60g）＝約330kcal

豚汁[1]＋サケの塩焼き[2]
1人分＝①約112kcal＋②約206kcal

どちらも同じくらいのカロリーだけど、豚汁＋サケの塩焼きがたくさん栄養をふくんでいるのに対し、スナック菓子はほとんどが脂質と塩分だよ。

コーディネーション能力をアップさせよう

体を思い通りに動かす能力を高めよう！

186ページからステキボディになるための運動を紹介していくけど、その前にぜひ知っておいてほしいのが「コーディネーション能力」。これは、思い通りに体をあやつる能力のことで、「運動神経がいい人」は、これが高いといわれているの。運動の効果をきちんと得るために、コーディネーション能力をアップするトレーニングに挑戦してみよう！

LESSON 3　パーツ&ボディケア

こんなトレーニングがおすすめ！

オモテ・ウラ返り

1
うつぶせになって両手両足を床につき、ひざを軽く曲げた姿勢からはじめるよ。

2
右手と左足は床についたまま左手を持ち上げ、くるっとあお向けにひっくり返ろう。

3
左手をつき、イラストの姿勢に。今度は右手を上げて **1** の姿勢に……とくり返そう。

座ってころころ

1
ひざをついて脚をくずした、横座りの姿勢からスタートするよ。

2
背中をついて、左に向かってくるっと回転しよう。真っすぐ横にまわってね。

3
1 と反転の姿勢になるよ。左右交互に回転して、**1**⇔**3** を何往復かくり返そう。

体を引きしめるシェイプアップ

スタイル美人になるための運動のポイントをマスターしよう♪

引きしまったボディラインをゲットするには運動が必要なんだよね？
どんなことをすればいいの？

シェイプアップのための運動は2つ！
有酸素運動と筋トレだよ★
両方まんべんなく行うことで、
脂肪の燃焼と筋肉量のアップが同時にかなうの。
さっそくチャレンジしてみよ♪

ステキボディになる2つのエクササイズ

有酸素運動

長い距離を走るランニングや水泳など、ある程度の時間続けて行える運動のことだよ。筋トレにくらべてカロリーがたくさん使われるから、脂肪をはやく燃やすことができるの♪ 長い時間かけて全身を動かして、あせをたっぷりかこう！

筋トレ

筋力トレーニングのことで、強い力を使う運動だよ。有酸素運動とちがって長時間は行えないけど、筋肉をきたえて、ボディラインをキュッと引きしめることができるの。筋力をつけることで、代謝を上げる効果も期待できるよ♪

有酸素運動のポイント

運動で脂肪が使われはじめるのには少し時間がかかるから、有酸素運動は20分以上続けると効果的だよ。先に筋トレを行って筋肉を刺激しておくと、効果がもっと高まるよ。また、あせをかくから、こまめに水分をとるようにしてね。おすすめの有酸素運動をいくつか紹介するよ♪

LESSON 3 パーツ&ボディケア

有酸素運動はコレ!

ランニング
走りやすいくつと服を用意してね。おしゃべりできるくらいのゆっくりペースで、20分以上走ろう。

なわとび
せまいスペースでも挑戦できるおすすめ運動! かけ足とびなど、長くとび続けられる種目をえらぼう。

水泳
水の抵抗があるため地上より多くのカロリーを消費できるよ。水の中でもあせをかくから、水分補給は忘れずに。

自転車
だらだらこいでも効果は得られないよ。「1分間に何回転こぐ」、「20分以上乗る」など目標を決めよう。

ダンス
音楽に合わせて体を動かすと、コーディネーション能力（185ページ）を高める効果も期待できるよ♪

バスケットボール
長時間動き続けるので、有酸素運動効果があるよ。ジャンプ力やコーディネーション能力も高まるのでおすすめ!

筋トレ

ウエストを引きしめたい！

気になる部分をシェイプアップするおすすめの筋トレを紹介するよ♪

ねじり腹筋

1 あお向けになって寝転がり、天井を見るよ。ひざは90度に曲げて、手は後頭部で組もう。

2 上体を起こしていくよ。このとき、おへそを中心に腹筋に力を入れ、腰をそらさないように注意してね。

3 上体をおなかからひねって、左ひじで右ひざをタッチ！ ゆっくり1の姿勢に戻ってね。左右を1セットとして、20回くらい行おう。

プチトレ！ プリントをひねってわたそっ♪

学校で、後ろの子にプリントを渡すとき、姿勢を正しておなかからねじってふり返ろう。キュッとしたくびれをゲットできるよ♪ 片側だけやらず、左右バランスよくやるようにしてね！

二のうでをほっそりさせたい！

ベーシック腕立て伏せ

1

うつ伏せになり、手とつま先を床について、ひじをのばし体を浮かせるよ。手は、肩幅より少し広めにしてね。きつい場合は、ひざをついてもOKだよ。

2

ひじをゆっくり曲げ、体を下ろしていこう。鼻先が床につくくらいまで下げられるとGOOD！このとき、胸は床につかないようにしてね。

3

ゆっくりもとの姿勢に戻るよ。お尻が出ないように、体を一直線にするイメージをもってね。1～3を、20回くらいくり返そう！

プチトレ！ お手伝いで窓をふいちゃお！

窓ふきをするとき、意識して腕をのばすと二のうでを引きしめる効果があるよ♪ できるだけうでを大きく動かしながらふいてみよう。上のほうをふくとき、つま先立ちになるとふくらはぎもキュッと引きしめられるよ！

太ももとおしりを引きしめたい！

シンプルスクワット

1
足を肩幅に開いて立つよ。おなかに力をこめて、背筋をきちんとのばしてね。手を胸の前でクロスしたら準備完了！

2
背中を丸めないように注意しながら、いすに座るようにして腰を落とそう。このとき、ひざがつま先より前に出ないようにしてね。

3
太もものうらの筋肉に力が入っていることを確認しながら、ゆっくりひざをのばして1の姿勢にもどるよ。1～3を20回くり返してね。

プチトレ！ ちょこっと空気いすにチャレンジ！

学校や電車などでいすに座るとき、お尻をちょこっと上げて、空気いすをしてみよう！ 気がついたときに20秒くらいキープ、を1日に何回か行うと、脚全体とお尻をキュッと引きしめられるよ♪

ふくらはぎを細くしたい！

段差でかかと上げ

LESSON 3 パーツ＆ボディケア

1
壁の前に安定したふみ台をおき、その上に立つよ。壁に向かい、肩幅に足を広げてね。かかとを段差から少し出し、両手は壁につこう。

2
姿勢を正したまま、ゆっくりつま先立ちになるよ。この姿勢を10秒くらいキープしてね。

3
ゆっくり1の姿勢に戻ろう。1〜3を10セットくらいくり返してね。

プチトレ！ 階段でかかとを上げてみよう！

ふだんから、エレベーターやエスカレーターではなく、階段を使うようにしよう！ 階段は、かかとをつけずにつま先立ちでのぼると、ふくらはぎを引きしめられるよ♪

191

Lesson4
内面をみがいてステキ女子に！
ソシアルマナーで

▶196ページ

ステップ1
キレイな姿勢を意識しよう

キレイな姿勢をキープするテクを知って、スタイルをよく見せちゃおう♪

▶200ページ

ステップ2
美しいふるまい、マナーを身につけよう

「あの子と仲よくなりたい」って思われるステキなマナーを紹介するよ★

ココロ美人大作戦

ステップ3 ▶206ページ
食事のマナーをマスターしよう
キレイに食べる子ってそれだけで好感度大♪ 食事のマナーをおぼえよう！

ステップ4 ▶210ページ
メールや手紙で気持ちを伝えよう
文章で気持ちを受けとると、うれしさ2倍！ じょうずな使いかたを知ろう★

ステップ1 キレイな姿勢を意識しよう

姿勢をととのえると、それだけで美スタイルになれるよ★ 正しい姿勢をキープするためのトレーニングも紹介♪

まずは 正しい姿勢を確認しよう

立つとき

- あごは上げずに、軽く引いてね。首が前に出ないように注意して。
- 耳と肩、指先、ひざが一直線上に並ぶのが美しく見える姿勢だよ。
- おへそをタテにのばすイメージをもつと、おなかに自然に力が入るよ。
- 親指のつけ根、小指のつけ根、かかとの3点に均等に体重をのせよう。

座るとき

- あごを軽く引いて、目線は真っすぐ前へ向けよう。
- ひざは閉じてそろえるよ。太ももと床が平行になるようにしてね。
- いすに深く座るよ。背もたれに寄りかからないようにしてね。

自分の姿勢をチェックしてみよう

体のゆがみをセルフチェックしてみよう！床に真っすぐ立って、両手を上にのばすよ。そのまま上半身をひねって、後ろの壁を見てみよう。左右同じようにまわらない場合、体がゆがんでいるかも……!?

LESSON 4 姿勢＆マナー

姿勢が悪いと、スタイルが悪く見えちゃうよ！

姿勢が悪くなるのはこんな習慣！

あてはまるものが多い子は注意！
どれも意識すれば直せるものばかりだよ★

- バッグを持つ手がいつも同じ
- どちらか片方の足に重心をかけて立っていることが多い
- どちらか片方の手足ばかり使う
- 座るときに足を組んでいることがある
- 長時間、下を向いて携帯電話やゲームに夢中になっている
- ヒールが高いくつをはくことが多い

姿勢を正すエクササイズに挑戦！

姿勢を正すために必要な筋肉をきたえる、とっておきのエクササイズを紹介するよ♪

背骨の曲げのばし

1 腰幅に足を開き真っすぐ立とう

足を腰幅くらいに開いて真っすぐ立とう。親指のつけ根、小指のつけ根、かかとに均等に体重をのせて、重心は体の真ん中をキープしてね。

2 背骨を首から曲げていこう

背骨を曲げていくよ。上半身の力を抜き、まずは首から肩の後ろをゆっくりと前に曲げよう。ひざの力も自然にゆるめていってね。

3 みぞおちの後ろを曲げよう

背骨を上のほうから順に、みぞおちの後ろくらいまで曲げていくよ。この姿勢のまま、ゆっくり呼吸をくり返して、リラックスしてね。

姿勢を正すには、「背骨」を意識することが大切だよ。「背骨の曲げのばし」エクササイズで、全身の筋肉を使って背骨を支える練習をしてみよう♪

LESSON ④ 姿勢＆マナー

④ 背骨をゆっくりのばしていこう

重心がどっしり落ちついたら、今度は背骨を下からひとつずつつみ上げるイメージで、順にのばしていこう。

⑤ 胸をめいっぱい広げよう

背骨をのばしきったら、最後に胸が空に向かって引っぱられるように、気持ちよく広げるよ。

⑥ 首を戻して姿勢を確認！

息をはきながら胸を真っすぐ前に向けて、最後に首を戻そう。1～6を、何回かくり返してね★

199

ステップ2 美しいふるまい、マナーを身につけよう

おしゃカワガールになるには、美しいふるまいや正しいマナーを身につけることが必須！ シーン別のマナーも紹介するよ★

愛され女子になる基本のマナー

みんなに「ステキ」って思われる、ふるまい＆マナーを紹介するよ★

身だしなみ

ルール1 清潔感が大切！
清潔感は、第一印象を決める大事なポイント。ツメや歯などのパーツも要チェックだよ★

ルール2 髪はキレイに！
ボサボサ髪は、だらしない印象に。正しいシャンプーとブラッシングでととのえてね♪

ルール3 服にはアイロンをかけよう
せっかくおしゃれしても、服がシワシワだと台なしだよ！ きちんとアイロンをかけて、キレイにととのえてね。

ルール4 ハンカチ、ティッシュは必須
お出かけのマストアイテム！ 通学もお休みの日も、つねに持ち歩いてサッととり出せるようにしよう。

会話

LESSON 4 姿勢＆マナー

ルール1 あいさつをしっかりしよう

笑顔で明るく、きちんと目を合わせてハキハキとあいさつしよう！　目上の人にはおじぎもいっしょにね。

ルール2 聞きじょうずになろう

一方的に話すのはNG！　あいづちをうったり質問したりしながら聞くと、相手も会話を楽しんでくれるよ。

ルール3 顔を見て話そう

相手の目や鼻、口もとなどを見るのがおすすめ！　目だけをじっと見すぎると、怖い印象を与えちゃうよ。

ルール4 言葉づかいに気をつけよう
乱暴な言葉は、品がないと思われちゃう。正しい言葉づかいを心がけ、年上の人には敬語を使おう。

ルール5 悪口はぜったいNG！

悪口はやめよう！　いやな子って思われちゃうよ。友だちの悪口にのっかるのもNGだよ。

愛される魔法の言葉をおぼえよう

受けとった人の心をあたたかくする、魔法の言葉を大発表！
意識して口にしてみよう♪

ごめんねとありがとう
悪いことをしたら「ごめんね」、うれしいことをしてもらったら「ありがとう」をきちんと言おう。素直に言える子は、とってもステキだよ♪

よろしくね
何かをお願いするときは、「よろしくお願いします」ってきちんと伝えよう。また、一方的にお願いばかりせず、相手の都合も考えてね。

すごいね！
ほめられるとうれしい気持ちになるよね。相手がすごいことをしたら声に出してほめよう。「この子といると楽しいな」って思ってもらえるよ。

どうしたの？
落ちこんでいるなど、いつもとようすがちがったら、「どうしたの？」って声をかけよう★　悩みや不安を話してくれるかもしれないよ。

シーン別のマナーを身につけよう

時と場所に合わせたマナーを知って、どんなときもステキ女子に！

シーン1 学校生活のマナー

登下校は

ヨコに広がらないように気をつけてね

登下校は、ほかの人のことも考え、ヨコに広がったりして道をふさがないようにしてね。細い道では、タテに一列に並ぶのがベストだよ。

授業中は

姿勢よく座って、きちんと授業を受けて

正しい姿勢で座ってね（196ページ）。先生の話をきちんと聞き、まじめに授業を受けよう。私語はNGだよ。

友だちに手紙を書いたりするのもダメだよ！

休み時間は

次の授業の準備をしてから遊ぼう！

友だちとのおしゃべりは、次の授業の準備をしてから！　みんなで話すのは楽しいけど、机や床に座るのは、お行儀が悪いからやめよう。

シーン2 友だちの家でのマナー

玄関先では

**くつをそろえて
おうちの人にあいさつを**

玄関に入ったら、くつをきちんとそろえてはしにおこう。いきなり友だちの部屋に入らず、まずはおうちの人にあいさつをしてね。

おうちの人と話すときは

**きちんと敬語を使って
会話しよう！**

おうちの人には敬語を使って話してね。何か質問されたら、しっかり応えること！ ハキハキと自分の意見を言える子は好印象だよ♪

お泊まりするときは

**積極的に
お手伝いをしよう！**

お世話になるのだから、できればおみやげを持っていくのがベスト。また、夕飯やふとんの用意では「お手伝いします」と声をかけ、積極的に手伝うようにしよう。「また来てね」って思われる行動を心がけてね♪

トイレに行くときは

**友だちやおうちの人に
声をかけてから！**

勝手にトイレに行くのはNG！ 友だちかおうちの人に「お借りします」と声をかけてからにしよう。また、のどがかわいたからといって冷蔵庫を勝手にあけるのもダメだよ。

LESSON 4 姿勢＆マナー

シーン3 おでかけのマナー

電車、バスに乗るときは

必要としている人に席をゆずろう

座っているとき、お年寄りやおなかに赤ちゃんがいる人、体が不自由な人を見かけたら、「どうぞ」って席をゆずろう！電車で食べものを食べたり、駅のホームで携帯電話やゲーム機に夢中になったりするのはマナー違反だから注意してね。

自転車にのるときは

交通ルールを守って利用してね

安全のために、ヘルメットをかぶろう！また、車道は左側を走る、かさをささない、暗くなったらライトをつけるなどのルールも守ってね。

エレベーター、エスカレーターを使うときは

それぞれのマナーを知っておこう

エスカレーターに乗るときは、手すりにつかまり、走らないようにしよう。エレベーターはおりる人優先。乗るときは、とびらの左右によけてね。

204

買いものに行くときは

会計の列への割りこみはぜったいダメ！

会計前の商品をベタベタさわるのはマナー違反！ パッケージに入っている商品を見たいときは、勝手にあけず、お店の人に相談するようにしてね。また、会計のとき、列に割りこむのはダメ！ 最後尾を確認して、きちんとならぼう。

公園では

遊具やコートはみんなのものだよ

公園にある遊具や球技用のコートはみんなのもの。待っている人がいるのに使い続けるのはNGだよ！ 小さい子どもも利用しているから、まわりをよく見て遊んでね。

図書館では

静かにすごすのが鉄則！本はていねいに扱おう

図書館では、しゃべらず静かにすごそうね。本はていねいに扱い、返却期限は守ろう。また、勉強したい子も多いけど、禁止している図書館もあるから、ルールを確認しよう！

病院では

待合室では静かにすごそう

待合室でさわいだり、いすに寝転がったりするのはNG！ 本を読むなどしながら順番を待とう。座っていられないくらい体調が悪い場合は、病院の人に相談してみてね。

ステップ3 食事のマナーをマスターしよう

キレイに食事できる子は、それだけで好感度が急上昇♥ 外食だけじゃなくて、ふだんの食事からマナーに気をつかおう！

これだけは守りたい食事のマナー

ルール1　「いただきます」と「ごちそうさま」を言おう

つくってくれた人、育ててくれた人、動物・植物の命をいただくことへの感謝の気持ちをこめて言おう。

ルール2　口にものを入れたまましゃべるのはNG

口に食べものが入ったまま話すと、汚い印象だし、食べものが飛んでまわりの人がいやな気持ちに……。

ルール3　姿勢を正して食べよう

ひじをついて食べるのはNG。姿勢よく食べると、胃に真っすぐ食べものが運ばれて、消化にもいいよ♪

ルール4　なるべく残さないようにしよう

食べものを残すとムダになってしまうから、基本的にはNG。自分が食べられる分をきちんと確認しよう。

キレイな食べかたをおぼえよう

はしの使いかた、食事別のマナーを紹介するよ。

LESSON 4 姿勢&マナー

キレイに食べるには、和食や洋食、中華など、食事ごとのマナーを知ることが大切だよ。
それから、はしをきちんと持てる子は、好感度アップ！
正しいはし使いで食事ができると、ふるまいがとってもキレイに見えるんだよ♪

オキテ1 はしを正しく使おう

はしを正しく持つポイントは、①上のはしを人さし指と中指ではさむ、②下のはしを薬指でささえる、③親指で両方のはしをおさえる、④上のはしだけを動かす、の4つだよ。今正しく使えない子も、意識して練習すればきちんと持てるようになるよ♪

こんなはしの使いかたはNG

✗ まよいばし
お皿の上で、何をとるかまよってはしがウロウロすること。

✗ よせばし
はしを使って、お茶碗などの食器を自分のほうに引きよせること。

✗ ひろいばし
ふたりでひとつのものをつかんだり、はしからはしへ渡すこと。

✗ さぐりばし
「何が入っているかな？」と、はしでお皿のものをさぐること。

✗ ねぶりばし
はしの先をベロッとなめること。品がなく見えちゃうよ。

✗ さしばし
はしで食べものをはさまず、串のようにブスッとつきさすこと。

207

オキテ2 食べものに合ったマナーを知ろう

和食のときは

お皿の並べかたに気をつけよう！

和食はお皿の配置が決まっているよ。おはしを利き手で、ごはん茶碗は反対の手で持つのが基本。日本人は右利きの人が多いから、ごはんは向かって左、汁ものは右にくるようにおくよ。おかずや副菜は奥において。

おすし

はしで食べても、手で食べてもOKだよ

キレイに食べられるほうを選べばOK！ はしの場合はくずれないように横からつかみ、手の場合は人さし指と中指、親指の3本で持ってね。

そば、うどん

汁に髪が入らないよう注意してね！

髪が長い子は、汁に髪の毛が入らないように、きっちりまとめてから食事しよう。ひと口で食べられる分だけをはしでとり、汁がとびちらないように注意して食べてね。

焼き魚

骨をキレイにとりのぞこう

骨がある魚は、はしで骨をキレイにとりのぞき、お皿の左上にまとめておこう。骨や皮に身が残ってしまいがちだから、気をつけて食べてね。

洋食のときは

ナイフとフォークを正しく使おう

ナイフは右手で、フォークは左手で、どちらも親指と人さし指で支えるようにして持つよ。ひと口サイズに切り分けて食べてね。スープを飲むときは、スプーンを使って、音を立てずに手前からすくうようにするとGOOD。

フォークとナイフの正しい置きかた

ナイフとフォークの置きかたは、食事の進み具合によって変わるよ。食事中はハの字に、食後はそろえて右はしに置こう。

食事中	食事後

パスタ

すするときに音を立てるのはNGだよ

パスタをすするときに音を立てるのはマナー違反。ひと口で食べられる分だけをフォークにクルクルと巻きつけて食べよう。

中華料理のときは

回転テーブルを正しく使いこなそう

はしの使いかたは、和食と同じ。中華料理の特徴は、料理をとり分けるのに「回転テーブル」を使うことだよ。料理は回転テーブルに置かれるから、自分が食べる分だけを皿にとり、時計まわりにまわして次の人へ送ってね。

LESSON 4 姿勢＆マナー

ステップ4 メールや手紙で気持ちを伝えよう

メールや手紙などの文字ツールは、じょうずに使えば相手との距離をグッと縮められるよ。ふだん言えないことも伝えられるかも！

文字ツールを活用しよう

気持ちを文字で伝える方法はいろいろ。シーンに合わせてぴったりな方法を選ぼう！

メール
パソコンや携帯電話でサッと送れる手軽さがうれしい♪ ただし、表情が見えないから、相手に冷たい印象を与えてしまうことも……。

手紙、交換日記
手書きの文字はあたたかみがあるから、もらえるとうれしいよね♪ ふだん言えないことや相手への感謝の気持ちを、文字にのせて伝えちゃおう★

SNS（エスエヌエス）
ブログなど、インターネットに公開した情報でやりとりするツールだよ。知らない人が見ていることもあるから、使うときは十分注意して！

コミュニケーションアプリ
まるで会話をしているようにメッセージ交換ができるアプリだよ。仲よしグループをつくってみんなでやりとりすることもできるよ♪

メール

文字だけのメールは、ちょっぴり冷たい印象になってしまいがち。でも、絵文字を使ったり、デコったりすれば、かわいく、楽しい雰囲気にできるよ♥ 友だちの誕生日など、すぐに気持ちを伝えたいときに活用してみよう！

LESSON 4 姿勢&マナー

💗 こんなメールをもらったらうれしい！ 💗

最初に、送る相手の名前を入れよう。メールがグッと身近に感じられるよ。

絵文字を使って楽しげに！ メールの内容に合ったものを選ぼう♪

★リンカChan★
Happy Birthday 🎂
12歳のお誕生日おめでとう
やさしくて笑顔がステキなリンカちゃん。
いつも本当にありがとー！　大好きだよ♥
これからも仲よくしてね😀
今年1年ハッピーでありますよーに♥

★おめでとう★

ホノカより♥

フレームやスタンプなどでデコっちゃお♪　特別感がうれしい！

口に出すのは恥ずかしい言葉も、メールでなら伝えやすいよ♥

インターネットにはキケンがいっぱい！

インターネットには知らない人もいるから、名前や住所、学校の友だち、写真などの個人情報を書きこむのはNGだよ！ また、いろいろな情報がのっているから、正しい情報とうその情報をきちんと見極めてね。何か問題があったら、すぐに大人に相談しよう！

手紙

手書きの文字で書かれた手紙は、気持ちがこもってもらうとすごくうれしくなっちゃうよね♪ 市販の便せんもいいけど、白いノートでも、デコればかわいく変身するよ！カラフルなペンを使ったりイラストをかいたりしてみよう♪

こんな手紙をもらったらうれしい！

フレームを書いてかわいくデコ★
内容に合わせて柄を変えてみよう。

名前は、囲んだりかざり文字にしたりすると◎。見るだけでワクワク♪

> ほのか ちゃんへ♥
>
> ほのかちゃんにお手紙✉ かくのはじめてだね♪
>
> 今年は いっしょ のクラスになれて ちょー うれしいよ！
>
> もっと———っと仲良しになりたいから、みんなで交かん
>
> ノートやりたいな！今度の日曜日にいっしょにノートさがしに
>
> 行かない??
>
> ほのかちゃんとプリクラもとりたいなぁっ どうかな？
>
> お返事✉ たのしみにまってるね♥
>
> みお より

重要な文字は色を変えたり強調したりすると、わかりやすいよ！

ワンポイントでイラストを入れてもかわいい♥ シールを貼ってもOK。

メール＆手紙のお悩みQ&A

メールや手紙のギモンやトラブルにアドバイスするよ♪

LESSON 4 姿勢＆マナー

Q もっとかわいい文字が書きたいよ～！

A ふだんの文字は、ていねいに書くのがいちばん。くずして書くと、変なくせがついちゃうよ。お手紙では、文字を太くしたり、囲んだ文字に柄をつけたりしてかざってみよう！

Q 友だちがメールの言葉をごかいして受けとっちゃった！

A 変なふうに受けとられちゃったとき、メールでごかいを解こうとするとさらにこじれちゃうかも。すぐに電話をするか、できれば直接会って、どんな気持ちで送ったか伝えよう。

Q 交換日記を止めちゃう子がいるの……。

A たとえば「3日止めたら書いてなくても次の子に回す」などのルールを決めちゃおう！ノートの最初に書いておくとGOOD。ただし、ルールはほかの子にも相談して決めてね。

213

Lesson5
気になる「ナゼ＆ナニ」にお答え！
大人女子になるための

ステップ1 ▶218ページ
成長のあかし 生理について学ぼう

生理は体が大人に変化するあかし。
きちんと勉強して
いざというときに
備えよ♪

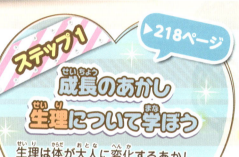

これが最後のLESSONだよ♥

ハートケア事典

ステップ2 ▶224ページ
体の成長に合った下着を選ぼう
10歳を超えたら、そろそろ下着について考えよう。ブラの選びかたを紹介するよ♪

ステップ3 ▶230ページ
自分のココロとじょうずにつき合おう
ココロにいろいろな不安が芽生える時期。じょうずにつき合っていこう★

ステップ1 成長のあかし 生理について学ぼう

生理は、体が大人の女性に近づいているサインだよ。きちんと勉強して準備しておけば、不安はなくなるはず！

うーん、生理かぁ。
クラスの子でも、早い子は来ているみたいだけど。
わからないことが多くて、不安だな……。

わかるよーっ！　わたしもそうだもん。
まずは生理のしくみを勉強してみよう！
それから、すごしかた、ナプキンの使いかたも知りたいよねっ。

生理ってどういうもの？

女の人の体は、成長すると赤ちゃんができてもいいように準備をするよ。この準備は1か月くらいかけて行われるんだけど、赤ちゃんができなかった場合、必要なくなったものを体の外に出すの。これが「生理」。はじめて生理を迎えることを「初潮（初経）」とよぶよ。

個人差があるけど、
10〜13歳のうちに
初潮を迎える子が
多いみたい！

生理中のココロとカラダ

ココロ
・イライラする
・気分が落ちこんでしまう
・ぼうっとしてしまう
・集中できなくなる

カラダ
・おなかが痛くなる（生理痛）
・肌荒れが起きやすくなる
・おなかが減る
・つかれやすくなる
・胸が張る

生理のしくみを知ろう

生理はどんなふうに起きるの？　女の子の性器のしくみといっしょに勉強しよう！

女の子の性器

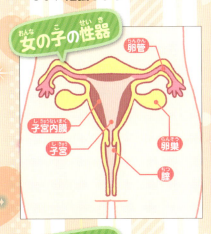

「性器」は、心臓や脳などと同じ体の器官のひとつ。ここで赤ちゃんのもとになる「卵子」がたくわえられたり、出産まで赤ちゃんが育つよ。

- **子宮**………赤ちゃんが育つ場所
- **子宮内膜**…子宮の内側をおおう粘膜
- **卵巣**………赤ちゃんのもと「卵子」がたくわえられる場所
- **卵管**………卵子が通る道
- **腟**…………経血を流したり、出産時に赤ちゃんが通る道

生理のしくみ

1 卵子が卵巣をとび出す

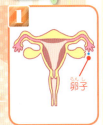

左右の卵巣のどちらかで、約1か月かけて「卵子」が成長。成長すると卵巣をとび出すよ。

2 卵子は卵管で待機

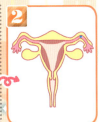

卵管が卵子をキャッチ。卵子はここで、男性の「精子」が来て「受精卵」になるのを待つよ。

3 卵管を通って子宮へ

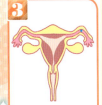

子宮内膜は、受精卵のおふとんになるために、ふわふわに。同時に、血液もたくわえるよ。

4 子宮内膜がはがれる

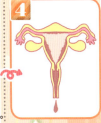

受精卵ができなかった場合、子宮内膜は卵子や血液とともに体の外に出るよ（＝生理）。

LESSON 5 ハートケア

生理中はどうやってすごせばいいの？

生理中は、とにかくリラックスすることが大切。いつもよりつかれやすくなるから、睡眠時間はしっかりとってね。個人差や体調にもよるけれど、子宮が縮んでおなかに痛みを感じる「生理痛」が起きることも！ これは、体を温める、適度に体を動かすなどでやわらげられるよ。

生理中のすごしかた

朝 ふとんをチェックしよう

まずはおふとんをチェック！ シーツが汚れていたら、すぐに洗濯しよう。洋服は、濃い色のものを選ぶと安心！

学校 休み時間ごとにナプキンを交換

学校に行くときは、ナプキンを5〜6個持って行き、休み時間ごとに交換しよう。便器を汚していないか確認を！

放課後 こまめにトイレに行こう

遊んでいても、ナプキン交換を忘れないように！ ショーツが汚れてしまったら、すぐに水かぬるま湯で洗おう。

夜 落ちついてすごそう

生理中もお風呂はOKだよ。体をよく洗ってから湯船に入ろう。いつもよりたっぷり睡眠をとるよう心がけてね。

ナプキンの使いかた

生理中は「ナプキン」を使おう。ナプキンは、下着や洋服が汚れないように経血を受けとめてくれる、生理中の強い味方！　うらがシールになっていて、ショーツに貼って固定できるよ。外出するときは、ポーチに入れたり、ハンカチでつつんだりして持ち運ぼう！

LESSON 5 ハートケア

ナプキンを捨てるとき

経血がついている面を内側にして丸め、ラップかトイレットペーパーでつつんで専用のごみ箱に捨てよう。トイレに流すのはNG。

いつとり替えるの？

経血の量が多い日は1〜2時間に1回は交換しよう！授業や映画など、席を立ちにくいときははじまる前にとり替えると安心だよ。

ナプキンの種類をおぼえよう

ナプキンにはいろいろな大きさ、厚さがあるよ。その日の自分にぴったりのものを選んでね。

羽つき
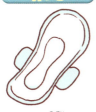
ショーツに固定するための羽がついていて、ずれにくいよ★

夜用

後ろに長く、吸収力ばつぐんだから、睡眠中も安心できるよ！

ショーツタイプ

すっぽり「はく」タイプのナプキン。旅行などで使用すると安心！

221

生理のお悩みQ&A

自分の体の大切なこと。不安なときは、身近な大人に相談しよう！

Q 生理周期がバラバラ。だいじょうぶかな？

A 前の生理がはじまった日から、25〜35日の間に次の生理がくることが多いけど、個人差があるから心配しなくてだいじょうぶ！ ただし、25日未満になったり、45日以上かかることが続く場合は、おうちの人に相談して病院に行こう。

Q 生理痛がひどい……。薬を飲んでもいいかな？

A おなかが痛くなるのは、子宮の筋肉がのび縮みするのが原因。体操をしたり、おなかを温めるとやわらぐことも。がまんできないときは、おうちの人に相談してから薬を飲むか、病院に行こう。

Q においでほかの人に気づかれないか心配……。

A ナプキンをとり替えるときににおいがすると、気になっちゃうよね。でも、ナプキンをこまめに交換すれば、まわりの人にバレることはないから安心してね♪

Q タンポンって何？使ってもいいの？？

A タンポンは、腟に直接「吸収体（経血を吸収する繊維）」を入れるというもの。腟から落ちる前の経血をキャッチしてくれるから、ずれたりモレたりする心配がないの。ただし、正しく使うのがむずかしいから、使用する前におうちの人に相談してね！

LESSON 5 ハートケア

Q 生理のとき、フラフラに……。何が原因なの？

A 経血量が多いと、体に血がたりなくなって、貧血になりやすくなるよ。鉄分やたんぱく質など、血の材料になる栄養素を意識してとろう！ 鉄分はほうれん草やレバーなどに、たんぱく質は牛乳などにたくさん含まれているよ。

Q 「生理がうつる」ってホント？

A これはウソ！ だけど、運動会や受験、テストの前など、みんなが同じ時期にドキドキして、その気持ちで生理が早まったり遅れたりすることはあるよ。

ステップ2 体の成長に合った下着を選ぼう

思春期は、身長だけでなくバストも成長する時期。バストの成長をじゃましない、自分に合うブラの見つけかたを覚えよう！

ブラをしている友だちがいるんだけど、わたしもつけたほうがいいのかな？

バストの成長は人それぞれだけど、そろそろ考えてもいい時期かもね♪
ブラは"今"の自分にぴったりのものを選ぶことが大切。
まずは自分のバストの成長段階を確認してみよう！

バストの成長ステップ

バストの成長は年齢や体格ではなく初潮（218ページ）の時期と深くかかわっているよ。

ステップ1	ステップ2	ステップ3	ステップ4
	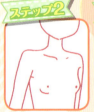	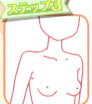	
初潮の1年以上前から	初潮前後	初潮〜3年以内	初潮の3年後
バストのトップ（乳頭）のまわりがふくらんでちょっぴり目立ちはじめるよ。	ふくらみがバスト全体に広がるよ。このころからバストが少しずつかたくなるの。	立体的にふくらんで、丸みのある形に。バストはまだまだかたいままだよ。	丸くやわらかな大人のバストに。ここまで来たら、大人用のブラをつけてOK♪

ステップに合わせてブラを選ぼう

自分のバストの成長ステップに合わせてブラを選ぼう。バストが成長しているうちは、変化に応じてフィットするような、やわらかくてのびる素材のブラがおすすめ。ステップ3まではジュニア用のブラをつけて、大人用のブラをつけるのはステップ4からが◎。

LESSON ⑤ ハートケア

ステップ別おすすめブラ

ステップ1 のときは
守るブラ

ふくらみはじめたバストのトップは、刺激にとっても敏感。クッションになる素材が入ったブラで守ろう！

ステップ2 のときは
つつむブラ

バストがぐんぐん大きくなる時期。成長に応じながらつつみこんでくれる、のびる素材のブラがおすすめ★

ステップ3 のときは
ささえるブラ

大きくなるバストをささえるブラを選ぼう。成長段階だから、大人用のブラでしめつけるのはNGだよ！

自分にぴったりのブラを見つけよう

わたしもそろそろブラデビューの時期なんだねっ！
さっそくショップに行ってみようっと♪

ショップでは、専門知識があるスタッフさんが
今のホノカちゃんにぴったりのブラを教えてくれるよ★
このとき、バストの正確なサイズもはかってくれるんだけど、
サイズは自分でもはかれるから、興味があったらはかってみ
てもいいかも♪

バストのサイズをはかろう

ステップ2以降では、自分のバストのサイズに合ったブラをつけることが大切だよ。サイズが合わないブラをつけると、バストの成長をおさえつけたり、気分が悪くなったりすることもあるの。ブラのカップサイズは、トップ（乳房がいちばんふくらんでいるところ）とアンダー（乳房のふくらみのすぐ下）の"差"で決まるよ！

トップ − アンダー ＝ カップサイズ
 cm   cm   cm

ブラジャーのカップサイズ

Aカップ…10cmくらい	Dカップ…17.5cmくらい
Bカップ…12.5cmくらい	Eカップ…20cmくらい
Cカップ…15cmくらい	Fカップ…22.5cmくらい

ブラジャーの正しいつけかた

1 前かがみになってブラをセット

ブラのストラップ（肩ひも）をうでに通したら、前かがみになってカップをバストのふくらみに合わせるよ。

2 かがんだままホックをつける

前かがみの姿勢のまま、後ろに手をまわしてホックを止めよう。きちんと止まったら、体を起こしてね。

3 ストラップの長さを調整

ストラップがゆるかったりきつかったりしたら、アジャスターで長さを調節してね。指1本入るくらいがベスト。

下着はきちんとお手入れしよう

ブラはショーツと同じ下着。1日身につけたブラは、清潔に見えても皮脂やあせの汚れがついているから、毎日かならず着替えてお手入れしてね。ブラをいためにくい正しいお手入れのしかたをマスターしよ♪

洗いかた

手で洗うときは

洗面器に水と洗剤、ブラを入れ、軽く振るようにして洗おう。汚れがひどいところは指でつまむようにして洗ってね。きちんとすすいだら、タオルでつつんで水気をとるよ。

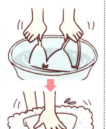

洗濯機で洗うときは

ブラのホックをとめ、洗濯ネットに入れて「ソフト洗い」「ランジェリーコース」などで洗うよ。

干しかた

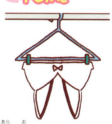

洗い終わったらすぐにシワをのばし、形をととのえよう。紫外線（148ページへ）を浴びるといたみやすくなるから、風通しのよい日陰に干してね。

下着のお悩みQ&A

はずかしいかもしれないけど、気になることは大人に相談しよう！

Q 胸が大きいのが気になる……。

A バストの大きさは、身長と同じく個性のひとつだから、はずかしがらなくてだいじょうぶ！ バストを小さく見せようとして小さめのブラをつけると、具合が悪くなったり、ぴっちりして余計目立っちゃうよ。

Q ブラをしているのがばれたらはずかしいっ

A まわりの子がつけてないと「自分だけ……」ってはずかしくなっちゃうよね。そんなときは、目立ちにくいキャミソールタイプのものがおすすめ！ ブラをつけないと、乳頭が出て見えたりしてバストがもっと目立っちゃうよ。

Q ブラがずれて上がってきちゃう！

A ブラのサイズがバストの成長ステップに合ってないのかも。ショップでサイズをはかってみよう！ ブラが大きくても小さくてもずれるから、ぴったりのものを選んでね。

Q 体育のときってどんなブラをすればいいの？

A 運動中にバストが上下にゆれると、痛みを感じちゃうことも。自分のサイズに合ったブラを選んで、正しくつければ解決することが多いよ！　それでも痛みを感じるときは、ゆれをおさえる「スポーツブラ」をつけてみよう。

Q ブラ買って、ってお母さんに言いづらい……。

A 性に関する悩みを話すのははずかしいかもしれないけど、成長して大人の体に近づくのはとてもハッピーなこと！　勇気を出して相談してみよう。「胸がゆれて痛い」など理由を話せばきっと伝わるよ★　この本を見せてきっかけづくりにしてもいいかも！

Q ブラをつけるとあせもができちゃうの……

A 予防のために、通気性がよいブラをつけること、清潔にすることがとても大切！　それから、あせはこまめにふきとるようにし、体育などであせをかく日は替えのブラを持っていくと◎。ひどいときは、お医者さんに見てもらってね。

ステップ3 自分のココロとじょうずにつき合おう

思春期は、体だけじゃなくてココロも大人に近づく時期。どんな変化が起こるかを知って、じょうずにつき合っていこうね。

うわーんっ。
最近なんだか悩みがいっぱいだよー！

あ、わかるっ！
将来のことも考えちゃうし、恋のことも不安だらけ……。

えへへ。じつは、わたしも同じなんだー。
体といっしょで、この時期はココロも成長しているんだって！
だから、悩むのはあたりまえ。
不安なココロときちんと向き合っていくしかないよね♪

思春期のココロの変化

眠る前にいろいろ考えて悩んじゃったり、おうちの人の何気ない言葉にイライラしたりしてないかな？　これは、ココロが成長して変化しているサインで、大人になるためにだれもが通る道。不安もたくさんあると思うけど、変化を受け入れてじょうずにつき合っていこう♪

ココロに生まれる4つのお悩み

悩みはたっくさんあるけど、この本ではとくに気になる4つを紹介していくよ♪

LESSON ⑤ ハートケア

お悩み① 友だちのこと

クラブ活動や習いごとでたくさんの人と関わるようになり、お父さん、お母さんよりも友だちといる時間が増える子も多くなる時期。自分と友だちをくらべちゃったり、友だちに対して「合わないかも」って感じることがあるかも……。

➡232ページへ

お悩み② 恋愛のこと

今まで何とも思っていなかった男の子が、急に気になりはじめたりしてない？ 体が成長して男女のちがいがはっきりしはじめるから、異性を意識するのはあたりまえのことだよ★ 特定の「好きな人」ができると、もっと悩みが増えるかも。

➡234ページへ

お悩み③ 家族のこと

「自分でやってみよう！」って自立心が生まれる時期だから、子どもあつかいする家族がいやになるのは自然なことだよ。反対に、まだまだ子どもでいたいような気持ちもあって、「大人」と「子ども」の間でココロがゆれる子も多いんだ。

➡235ページへ

お悩み④ 自分と将来のこと

ココロが成長して、自分に向き合えるようになるから、人生や将来をまじめに考える時期だよ。人と自分をくらべてへこんじゃったり、自分の未来がどうなるか、不安になっちゃうかもしれないね。あせらず、ゆっくり答えを見つけていこう★

➡236ページへ

ココロのお悩みQ&A

ココロに生まれる4つの悩みを解決するヒントを紹介するよ♪

友だちのこと

Q 友だちと自分をくらべてへこんじゃうの……

A できないことをできちゃう友だちがいると「うらやましい」って落ちこんじゃうよね。でも、人には個性があって、あなたにもステキなところはたくさんあるはず。友だちのいいところは見習って、自分の長所をのばしていこ♪

Q 友だちを怒らせちゃったかも！どうしたら仲なおりできるかな!?

A 理由がわかってるなら、すなおに「ごめんね」ってあやまるのがいちばん！　時間がたつとあやまりにくくなっちゃうから、勇気を出して早めにあやまろう。直接話すと感情的になっちゃうなら、手紙をわたすのもおすすめだよ。

Q 自分の悪口を聞いちゃった！ショックで泣きそう!!

A 友だちは、自分の不安やイライラをぶつけたかったり、あなたにヤキモチをやいて悪口を言っているのかも……。あまり気にしすぎないでね。さらりと受け流しちゃってもいいけど、無理に仲よくせず、いったんはなれるのも◎。

Q 友だちに持ちものをマネされるのがいや！

A その友だちは、あなたにあこがれてマネをしちゃうんだろうね。まずはやんわり気持ちを伝えてみよう。それでもマネされちゃうときは、少しはなれてようすを見てね。

Q 同じグループに苦手で仲よくできない子がいるの……。

A 何かされたわけじゃなくて、なんとなく苦手なら、あいさつをしたり、「ヘアアレ自分でやってるの？」など、答えやすい質問をして距離を縮めれば仲よくなれるかも♪　仲よくなれない場合も、悪口をいうのは絶対ダメだよ！

恋愛のこと

Q 好きな人と仲よくなる方法が知りた〜いっ！

A 両思いになりたいなら、「カレのことを知る」「自分のいいところを知ってもらう」のふたつが大切！ できるだけ毎日、笑顔で話しかけてみよう。とくに、ふたりだけの「ヒミツの話」をすると、親密度がアップするよ★

Q 好きな人がたくさんいて、ひとりだけ選べないよ〜っ！

A あなたはきっと、人のいいところを見つけるのがじょうずなんだね♥ でも、「男好き」って思われちゃうこともあるから、言いふらさないほうが◎。告白はあせらず、「カレだけが好き！」って人ができるまで待ってね。

Q 友だちと同じ人を好きになっちゃった！あきらめなきゃダメかな？

A 恋は自由だし、カッコいい子が人気なのはしかたがないこと。あきらめずにライバル宣言しちゃお！ だけど、友だちとカレが恋人同士の場合は、残念だけどじゃませずに見守ろう。

家族のこと

LESSON 5 ハートケア

Q 親の言葉に納得できない！言うことを聞くのがいやだよ〜

A ココロが成長していろいろと考えるようになると、自分の意見ができるのはあたりまえだよね。「なんでわかってくれないの！」ってイライラしちゃうけど、いったん落ちついて、「どうして？」って理由を聞いてみよう。

Q お父さんの洗濯物といっしょに洗われるのがいやっ！

A 洗剤で汚れは落ちるし、お父さんの洗濯物は汚くないよ。どうしても別べつに洗ってほしいなら、自分で洗うしかないかも。だけど手間になるし、お水がもったいないよ。

Q 「あなたのため」って心配ばかりされるのがいや……。

A 心配してくれるのはありがたいけど、ダメって言われ続けると、悪いところばかり見られているようで息苦しいよね。「自信なくしちゃうな」って、気持ちを伝えてみよう♪

235

自分と将来のこと

Q 将来の夢がないの……。変なのかな？

A 「こんな自分になりたい」「○○がしたい」っていう身近な目標を立てると、いつか夢につながるかも！　本やインターネットで職業を調べたり、身近な大人に聞いたりすると、気になる仕事が見つかることも。

Q 最近、死んだらどうなるか考えちゃって怖いの……。

A ココロが成長して未来のことを考えられるようになったからこそ生まれる悩み。でも、正解は人によってちがうんだ。死について書かれた「哲学」の本を読んだり、大人に意見を聞いたりして、自分なりの考えを見つけてみよう。

Q どうして勉強しなきゃいけないのかわからない！

A 職業のなかには「専門の大学を卒業している」「○○の資格をもっている」などが条件になるものも。この時期にいろいろな勉強をすることで、将来どんな夢ももてるようになるんだよ。

監修協力

この本の制作に協力してくれた会社を紹介するよ★

★ 花王株式会社 (142〜160、162〜169ページ)

化粧品や洗顔料、ヘアケア製品など、「美しくなりたい」という願いをかなえるための製品をつくっている会社だよ。美容に大切なお手入れや、おすすめの商品をアドバイスする活動もしているんだ。

公式ホームページ http://www.kao.com/jp/

★ セントラルスポーツ株式会社 (180〜191、196〜199ページ)

スイミングスクールなどでおなじみのセントラルスポーツ。「0歳から一生涯の健康づくりに貢献する」をモットーに、みんなの"心とからだの健康づくり"をサポートしているよ。全国でスポーツクラブを展開しているんだ。

公式ホームページ https://www.central.co.jp/

★ ユニ・チャーム株式会社 (218〜223ページ)

生理用品のほか、ベビーケア、ペットケアなどの製品をつくっている会社。「一人ひとりの"生活者"の心とからだの健康をサポートする」ためのとり組みをしているんだ。

公式ホームページ http://www.unicharm.co.jp/
ソフィはじめてからだナビ http://www.sofy.jp/girls/

★ 株式会社ワコール (224〜229ページ)

ブラジャーをはじめとする女性用の下着や、レディースウエアをあつかっている会社だよ。思春期の女の子を対象に、下着の知識を広める活動も行っているんだ。

公式ホームページ http://www.wacoal.jp/
ガールズばでなび http://www.wacoal.jp/girlsbody/

みんなが知りたいちょっぴり専門的な情報をくわしく教えてもらったよ★

ありがとうございました！

イラストレーター紹介 (敬称略)

池田春香

表紙、Lesson1、キャラクターなどを担当

まんが家、イラストレーター。集英社より、読みきり集『姉妹日和』が発売中!

Twitter ID @wildtono

池田春香のブログ
http://ameblo.jp/ikedaharuka-tono/

いのうえたかこ

Lesson2 担当

イラストレーター。『へこまし隊シリーズ』(講談社)をはじめ、書籍やwebなどで活動中。

星屑ドロップス http://drops.her.jp

一束

Lesson3 担当

イラストレーター。「やわらかく愛らしく」をモットーに、少女・動物を中心にかく。フラットでなめらかな作画が特徴。

よひらさか http://1-tuka.com/

くずもち

Lesson4、特別付録

イラストレーター。少女まんが調の作風で、女の子やキャラクターのイラストを得意としている。

これきよ

Lesson5 担当

イラストレーター。女性と子どもに向けたイラストを制作。おもな著書に、『かわいい手作りPOP素材集』(インプレス)など。

Corekiyo.net http://corekiyo.net

Staff

著者／めちゃカワ!!おしゃれガール委員会
イラスト／池田春香、一束、井上貴子、くずもち、これきよ
本文デザイン／髙島光子、吉崎ゆかり（ダイアートプランニング）
装丁／小口翔平＋岩永香穂（tobufune）
編集・執筆／スリーシーズン（朽木 彩）

本書の内容に関するお問い合わせは、**書名、発行年月日、該当ページを明記**の上、書面、FAX、お問い合わせフォームにて、当社編集部宛にお送りください。**電話によるお問い合わせはお受けしておりません。**また、本書の範囲を超えるご質問等にもお答えできませんので、あらかじめご了承ください。

　FAX：03-3831-0902

　お問い合わせフォーム：http://www.shin-sei.co.jp/np/contact-form3.html

落丁・乱丁のあった場合は、送料当社負担でお取替えいたします。当社営業部宛にお送りください。
本書の複写、複製を希望される場合は、そのつど事前に、(社)出版者著作権管理機構（電話：
03-3513-6969、FAX：03-3513-6979、e-mail：info@jcopy.or.jp）の許諾を得てください。
JCOPY ＜(社)出版者著作権管理機構 委託出版物＞

めちゃカワ!!
おしゃれパーフェクトBOOK センスアップコレクション

著　　者	めちゃカワ!!おしゃれガール委員会	
発 行 者	富　永　靖　弘	
印 刷 所	株 式 会 社 高 山	

発行所　東京都台東区　株式　**新星出版社**
　　　　台東2丁目24　会社
　　　　〒110-0016 ☎03(3831)0743

© SHINSEI Pubulishing Co.,Ltd.　　　　　Printed in Japan

ISBN978-4-405-07229-9

ファッション用語をおぼえよう

今さら聞けない用語をてってい解説！

トレンドのコーデやおしゃれのポイントがたっぷり詰まっているファッション誌。でも、よくわからない言葉がたくさんでてきて、困っちゃったことはない？　この特別付録では、今さら聞けないファッションにまつわる用語をまるっと解説★　アイテムと柄、キーワードをくわしく紹介するよ。マスターして、おしゃれレベルをアップしよう！

クレジットを見てみよう

ファッション誌を読むとき、ぜひ確認したいのが「クレジット」。モデルや洋服の近くに小さく書いてある、服の情報のことだよ。

Tシャツ¥000／××□
サス付スカート¥000／◆◆▽▽
サンダル¥000／○○△△

①アイテムの種類。
②商品の価格。税込みの場合、税抜きの場合があるよ。
③服を販売しているブランドの名前。

クレジットを見ると、ほしい服をどこで買えばいいか、どんな風にコーデしているかがわかるよ♪

アイテム辞典

アウターやトップスなど、アイテム別に紹介するよ♪

アウター

カーディガン
毛糸であんだセーターのうち、前があいていてはおれるもの。

ジージャン
「ジーンズジャンパー」の略で、デニム素材のカジュアルなアウターのこと。

スタジャン
「スタジアムジャンパー」の略で、もとは野球選手が着るアウターのこと。

ダウンジャケット
中に羽毛が入ったジャケット。丈が長いものは「ダウンコート」と呼ばれる。

ダッフルコート
厚手のウール素材のアウター。動物のキバのような形のボタンとフードが特徴。

チェスターコート
ノッチドカラーと呼ばれるえりとポケットが特徴の、長めの丈の上品なコート。

テーラードジャケット
スーツの上着のような、えりがあるデザインのジャケットのこと。

トレンチコート
ダブル仕立てとウエスト位置のベルトが特徴のコート。大人っぽい印象に!

ノーカラーコート
カラーは「えり」のこと。つまり、えりがついていないコートをさす。

ピーコート
厚手のウール素材のダブル仕立てのコート。丈は腰くらいと、短め。

ファーコート
ふわふわした、ファー素材のコート。短め丈がかわいい! ガーリーコーデに◎。

ブルゾン
短め丈で、腰にゴムやベルト、ひもがついた上着のこと。ミリタリーコーデに◎。

ブレザー
学校などの制服でも使われるジャケット。プレッピーコーデのマストアイテム。

ポンチョ
そでがなく、頭からすぼっとかぶるように着るアウターのこと。

ムートンコート
羊の毛皮、または似た素材のコート。中にもこもこがついているものが多い。

モッズコート
ミリタリーパーカをモチーフにしたフードつきコート。アースカラーのものが多い。

ライダースジャケット
レザー製の、丈が短めなジャケット。ロックなコーデにぴったり！

トップス

オフショルダー
ショルダーは「肩」。つまり、肩部分に布がないデザインのトップスのこと。

キャミソール
細い肩ひもで吊るすタイプのトップス。インナーとして使うことも。

ジャージー
一般的には、のび縮みする生地でできたトレーニングウエアをさす。

ジレ
そでがないトップスのこと。シャツとの相性が◎。「ベスト」と呼ばれることも。

シャツ
前開きで、ボタンとえりがついたトップス。カジュアルコーデにぴったり！

スエット
綿のジャージー生地でつくられたトップス。「トレーナー」とも呼ばれる。

セーター
毛糸であんだトップスのこと。「ニット」と呼ぶこともあるよ。

タンクトップ
そでがなく、えりぐりが広いトップスのこと。インナーとして使うことも！

チュニック
腰からひざくらいまでの、丈が長めのトップスのこと。ボトムスを合わせよう。

Tシャツ
アルファベットの「T」の形をした、えりがついていないトップスのこと。

デニムシャツ
デニム生地をシャツに仕立て上げたもの。アウターとしてはおってもかわいい！

パーカ
フードがついているトップスのこと。とくに、スエットをさすことが多い。

ブラウス
女性が着るトップスの総称。絹や綿などの素材で、やわらかい雰囲気のものをさす。

ポロシャツ
えりつきの半そでシャツ。前立てに1〜3つほどボタンがついていることが多い。

ラグランTシャツ
えりぐりからそで下にななめの切り替えが入ったシャツ。ポップなコーデに◎。

ファッションmemo

アイテムの呼びかたは、時代によって変わることがあるよ。たとえば「ジレ」は、「ベスト」や「チョッキ」と呼ばれていたこともあるんだ。アイテムの呼びかたが変わるのは、古いイメージを一新し、トレンド感をアピールするねらいがあるんだって！

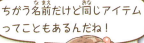

ちがう名前だけど同じアイテムってこともあるんだね！

キリトリ線

ボトムス（パンツ編）

カーゴパンツ
もとは貨物船の乗組員がはく作業用パンツ。ひざ上の大きなポケットが特徴。

ガウチョパンツ
ふくらはぎに向かってすそが広がるパンツ。長め丈のものをさすことが多い。

クロップドパンツ
すそを通常のものより短くカットしたパンツ。6〜7分丈のものが多い。

サルエルパンツ
また下が深く、すそがしぼられたパンツ。ゆったりしていて動きやすい！

サロペット
つりひもと胸あてがついたパンツ。スカート状の「サロペスカート」もある。

ジーンズ
デニム生地でできたパンツのこと。カジュアルなコーデのマストアイテム！

ショートパンツ
太ももくらいの長さの、短め丈のパンツ。「ショーパン」と略されることも多い。

スエットパンツ
綿のジャージー生地でつくられた、動きやすくゆったりしたパンツ。

スキニーパンツ
スキニーは「ほっそりした」という意味で、脚にぴったりした細身のパンツ。

チノパンツ
綿や麻の生地でできた、カジュアルなパンツのこと。アースカラーのものが多い。

ハーフパンツ
ショートパンツよりやや長めの、ひざ丈くらいのパンツをさすことが多い。

ボーイフレンドデニム
まるで男の子に借りたような、ゆるめのシルエットのジーンズのこと。

キリトリ線

ボトムス（スカート編）

ギャザースカート
ギャザーは「寄せる」という意味。ウエストをしぼり、すそが広がったスカート。

キュロット
ゆったりした、パッと見スカートのようなパンツ。スカートに挑戦したい子に◎。

シフォンスカート
透明感がある、うすい生地でつくられたスカート。ガーリーコーデにぴったり。

スカパン
スカートの中に、インナーとしてパンツがついているもの。見た目はスカート。

タイトスカート
ウエストから腰にかけて、ぴったりとフィットするシルエットのスカート。

チュールスカート
チュールとよばれる刺しゅうが入ったレースが使われた、ふんわりしたスカート。

チュチュスカート
バレリーナが着るような、腰から広がるシルエットのスカートのこと。

ティアードスカート
ウエストやすそと平行になる、横向きの段が入ったスカート。ガーリーな印象に。

バルーンスカート
すそがしぼられ、風船のように丸くふくらんだシルエットのスカート。

プリーツスカート
タテに折りたたんだような、プリーツ（ひだ）がついたスカートのこと。

フレアスカート
ウエストからすそに向かって、朝顔のように広がるシルエットのスカート。

マキシスカート
丈が長い「ロングスカート」のうち、くるぶしより長いものをさす。

くつ

ウエッジソール
かかとがつま先より高いくつで、土ふまず部分がカットされていないもの。

エンジニアブーツ
もとは作業員がはく、つま先部分がかたく、足首と上部のベルトが特徴のくつ。

サイドゴアブーツ
両サイドにのび縮みする生地を使った、ぬぎはきしやすい短めのブーツのこと。

サボサンダル
つま先から足の甲までがおおわれているサンダル。サボは木ぐつのこと。

サンダル
ひもやバンドで固定する仕組みの、足全体をおおっていないくつの総称。

ショートブーツ
くるぶし丈よりは長く、足首がかくれるくらいの、短めのブーツのこと。

スニーカー
布や革製の、底がゴムになっているくつのこと。通学でもはける定番シューズ。

スリッポン
ひもなどがなく、サッとはけるくつ。布製で底がゴムのものをさすことが多い。

ハイヒール
「高いかかと」という意味で、つま先より7cm以上高いヒールのくつのこと。

パンプス
つま先やかかとがおおわれていて、甲が開いているくつの総称。

ビーチサンダル
親指と人さし指の間に引っかける、ゴムやビニールなどでつくられたサンダル。

ブーサン
ブーツとサンダル、両方の特徴をもった、肌の一部が出るブーツのこと。

ブーティ
くるぶしが出るくらいの、ショートブーツよりさらに短いブーツのこと。

ミュール
足の甲部分にベルトがあり、つっかけてはくタイプのサンダル。

ムートンブーツ
羊の毛皮でつくられたブーツのこと。内側が羊毛でおおわれていてあたたかい！

モカシン
甲と側面をぬいあわせたU字型のスリッポン。革製でフリンジがつくものが多い。

ローファー
くつひもがついていない、革製のスリッポン。プレッピーコーデにぴったり！

ロングブーツ
長い丈のブーツのこと。ひざがかくれるものは「ニーハイブーツ」と呼ぶことも。

そのほか

オールインワン
上下がつながった服で、名前の通り、これ1着で全身をおおえるもの。

セットアップ
トップスとボトムスがセットでデザインされた服。1着ずつ着てもOK！

ワンピース
トップスとスカートがつながった服のこと。「ひとつなぎ」という意味。

タイツ
腰からつま先まで、脚をぴったりとおおう厚手の素材のアイテムのこと。

レギンス
タイツのなかで、つま先部分がないもの。「スパッツ」と呼ぶことも。

全部おぼえればおしゃれがもっと楽しくなるね♪

柄辞典

たくさんある柄のうち、人気の31パターンを紹介♪

チェック柄

アーガイル・チェック
ダイヤ柄とも呼ばれ、ひし形とななめの線でつくられている。秋〜冬におすすめ。

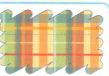

オーバー・チェック
小さなチェックに、大きなチェックが重なった柄。カジュアルな印象に！

ギンガム・チェック
白などのうすい色をベースに、タテとヨコが同じ太さのラインでつくられた柄。

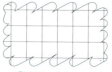

グラフ・チェック
方眼のように、細い線でつくられたチェック。シンプルで着まわしやすい柄。

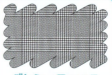

グレン・チェック
細かい千鳥格子とストライプを組み合わせた柄。きっちり見せたいときに◎！

タッターソール・チェック
白地に、2色の線が交互に入ったチェック。プレッピーコーデにぴったり。

タータン・チェック
スコットランド伝統の柄。赤、緑、黄色などと、黒の糸でつくられるチェック。

ハウンドトゥース・チェック
日本では千鳥が飛ぶ姿に似ていることから「千鳥格子」と呼ばれる。黒×白が多い。

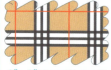

バーバリー・チェック
同名のブランドで有名なチェック。キャメル地に、黒、白、赤でつくられている。

ブロック・チェック
2色の四角（ブロック）が交互に入った柄。日本では「市松模様」と呼ばれる。

チェックだけでこんなに種類があるんだね！

キリトリ線

ストライプ

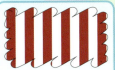

シングル・ストライプ
2色のラインが同じ間隔で入った、もっともシンプルなストライプ。

ダイアゴナル・ストライプ
タテではなく、ななめ方向にラインが入ったストライプの総称。

ピン・ストライプ
とても細いラインでかかれたストライプ。線が点になっているものをさすことも。

ブロック・ストライプ
太めの2色のラインが、交互に入っているストライプのこと。

ボーダー
タテではなく、ヨコ向きにラインが入っている柄の総称。カジュアルな印象に。

マルチカラー・ストライプ
3色以上の、さまざまな色、太さのラインでつくられているストライプのこと。

ドット柄

コイン・ドット
コインのような、やや大きめの円でつくられているドット柄のこと。

ピン・ドット
点のような、細かい円でつくられているドット。遠目では無地に見えることも。

ポルカ・ドット
ピン・ドットとコイン・ドットの中間くらいの大きさの円でつくられたドット。

ファッションmemo
アイテムと同じように、柄にもトレンドがあるよ。流行の柄ばかり買うと、短い時期しか着られなくなっちゃうかも……。ギンガム・チェックやボーダーなど、定番になっている柄のアイテムを何着か持っておくと、トレンドを気にせずに着まわせるよ★

柄の着こなしは20ページを参考にしてね♪

アニマル柄

ゼブラ
「シマウマ」のような、白のベースに黒のしま模様柄のこと。

ダルメシアン
犬の「ダルメシアン」のような、白のベースにランダムな黒のまだら模様のこと。

レオパード
「ヒョウ」のようなまだら模様のこと。茶色以外に、いろいろな色が見られる。

そのほか

カモフラ
もとは、軍隊でまわりから見つからない目的でつくられた。「迷彩」とも呼ぶ。

トロピカル
南国をイメージする、ヤシの木やハイビスカスなどのモチーフが入った柄の総称。

ノルディック
雪の結晶やトナカイ、もみの木などをモチーフにした、ノルウェーの伝統的な柄。

花
名前の通り、花をとり入れた柄の総称。季節に合ったモチーフの花を選ぶと◎。

フルーツ
くだものをとり入れた柄の総称。ポップな印象になるため、とくに夏におすすめ。

ペイズリー
「松かさ」をモチーフにした、羽のような模様。「まがたま模様」と呼ぶことも。

星
星をとり入れた柄の総称。ドットのように★が散りばめられたものなどもある。

ボタニカル
木の葉や茎、実などをモチーフにした柄のこと。花柄より、大人っぽい印象に！

レース
名前の通り、レースを使った柄の総称。女の子っぽい雰囲気にしたいときに！

キリトリ線

キーワード辞典

ファッションにまつわるキーワードを50音順に紹介するよ♪

【あ行】

アースカラー
大地や木、空、海など「地球」をイメージする色のこと。とくに、落ちついたブラウンやカーキなどの色をさすことが多いよ。

Iライン
シルエットのひとつで、アルファベットの「I」のようなタイトなラインのこと。

アウター
コートやジャケット、カーディガンなど、トップスの上からはおる服のこと。

アクセサリー
ネックレスやリング（指輪）、ブレスレット、イヤリングなど、主役になる服を「かざる」ためのアイテム。

アクセントカラー
コーデを引きしめるためのアクセントになる色のこと。コーデするときは、小物などでポイントとしてとり入れるとGOOD！　日本では「差し色」と呼ぶこともあるよ。

アソートカラー
コーデするとき、2番目に多く使う色のこと。ベースカラーをコーデ全体の50％以上、アクセントカラーを10％以下にするとよいといわれ、アソートカラーは20～40％くらいにすると、コーデがまとまりやすいよ。

甘め
ファッションでは、「女の子っぽい」「かわいい」という意味で使われることが多いよ。

甘辛MIX
甘さと辛さをほどよくミックスしたファッションのこと。たとえば、ガーリーなワンピースに、ロックなレザージャケットを合わせたコーデなどをさすよ。

アメカジ
スタイルのひとつで、「アメリカン・カジュアル」を略したもの。アメリカの大学生をお手本にしていて、ジーンズにチェックのシャツやTシャツを合わせたコーデが代表的。

Aライン
シルエットのひとつで、アルファベットの「A」のような、すそが広がったラインのこと。

Xライン
シルエットのひとつで、アルファベットの「X」のようなウエストをキュッとしぼったラインのこと。

【か行】

ガーリー
ファッションでは、「女の子っぽい」「かわいらしい」という意味で使われるよ。

ガーリー・スタイル
女の子っぽさを意識した甘めのスタイル。暖色やパステルカラー、フリル、レース、花柄などを使うとGOOD！

カジュアル
ファッションでは、「形式ばっていない」「ラフ（気軽な）」という意味で使われるよ。

カジュアル・スタイル
動きやすくラフな雰囲気のスタイル。アースカラーでほっこりまとめたり、デニムでラフさを出すのがおすすめ！

辛め
ファッションでは、「男の子っぽい」「カッコいい」という意味で使われることが多いよ。

着まわし
アイテムの組み合わせを変え、コーデをガラッとちがう雰囲気に見せること。着まわしがうまくなると、少ないアイテムをバリエーション豊かに見せられるようになるよ！

クール
ファッションでは、「大人っぽい」「カッコいい」という意味で使われることが多いよ。

クール・スタイル
大人っぽくてセクシーなスタイル。シルエットはタイトにし、黒や白などのモノトーンを基調にまとめるとGOOD！

くつ
スニーカーやブーツ、サンダルなどのはきもののこと。

13

コーデ

「コーディネート」の略で、トップスやボトムスなど、洋服を組み合わせて着ること。

こなれ感

ファッションでは、「無理なく着こなしている」こと。つまり、一生けんめいおしゃれしているように見えず、ふだんから着なれている雰囲気に見えることをさすよ。

小物

バッグや帽子、アクセサリーなど、洋服以外のアイテムのこと。

【さ行】

試着

アイテムを買う前に、ためしに身につけてみること。アイテムのサイズや雰囲気が、自分に合うかを確認するために必要だよ。

シャーベットカラー

ひんやり涼しい印象の、明るいシャーベットのような色。パステルカラーよりももっと淡い色みだよ。

シルエット

コーデでつくられた、全身のラインのこと。理想のスタイルに見せるには、4つのシルエットとその見えかたを知ることが大切だよ。

スイート

「甘め」と同じ意味で使われるよ。

スタイル

「ふんわりしていて女の子っぽい」、「カラフルで元気いっぱい」など、イメージや印象ごとに分けた、服やコーデの系統のこと。この本では、大きく4つ、細かく12のスタイルに分けて紹介しているよ。

スタッズ

ファッションでは、かざりとして使われる、金属製の留め具のこと。

スパイシー

「辛め」と同じ意味で使われるよ。

スポMIX

コーデに"スポーツっぽい"ナンバーTシャツやジャージなどをとり入れたスタイルのこと。

スポーティー

ファッションでは、スポーツができるくらいの、活動的でさわやかなコーデ、アイテムのことだよ。

【た行】

タイト

ファッションでは、きつくて、体にぴったりとフィットしていること。

暖色

あたたかいイメージの色のこと。赤や黄色、オレンジ、ピンクなどをさすよ。

ティアード

「段々につんだ」「重ねた」という意味。ファッションでは、フリルや布が重なっていて、すそに向かって広がる形のアイテムのこと。

デニム

ジーンズなどで使われる生地のこと。ボトムスだけでなく、シャツやアウターなどにも使われているよ。

トップス

上半身に身につける服のこと。Tシャツやシャツ、ブラウスなどをさすよ。

トリコロール

フランス語で「3色」という意味で、とくに赤、白、青の配色をさすよ。

【な行】

ぬけ感

きちんとしていながら、ほどよく力が抜けていて、リラックス感やナチュラルな雰囲気がある着こなしのことだよ。

ネオンカラー

蛍光系カラーの総称。街でピカピカかがやく「ネオンサイン」のような、明るくあざやかな色をさすよ。

ネックライン

首まわりのデザインのこと。たとえば、アルファベットのVのような形のものは「Vネック」、首まわりにそうようにえりが高くなっているものは「ハイネック」と呼ぶよ。

【は行】

ハイウエスト

ウエストの位置が、通常より高い場所にあること。ボトムスやドレスなどで使われるデザインで、脚長効果がばつぐん！

バイカラー

2色がならぶ配色のことだよ。

パステルカラー

にごりがない、あわく、やさしい色みのこと。さくら色やラベンダー色など、原色に白が混ざったような、やさしい色をさすよ。

パフスリーブ

肩やそでがふくらんだデザインの服のこと。とくにそでが短いものをさすことが多いよ。ガーリー・スタイルにぴったり！

ビタミンカラー

レモンやオレンジ、グレープフルーツなどをイメージする、あざやかな色みのこと。ポップなイメージで、夏にぴったりのカラー。

ビビッドカラー
あざやかな色みの総称。ビタミンカラーやネオンカラーもここにふくまれるよ。

ピンナップガーリー
この本で紹介したレトロガーリースタイルよりさらに古い、1950年代に流行ったファッションのこと。オフショルダーやミニスカートなどでまとめた、ガーリーでちょっぴりセクシーなスタイルをさすよ。

フェアリー
ピンクやラベンダーなど、同系色のパステルを基調にまとめた女の子っぽいスタイルのこと。

フリル
服のすそやえり、そでなどにつけられるかざりのひとつで、布をしぼってひだ状にしたもの。ガーリーなコーデにぴったり！

フリンジ
糸やひもを垂らしたかざりのこと。

プレッピー
学校の制服をモチーフにした「いい子風」のスタイル。Ｖネックのカーディガンやローファーなどのスクール風アイテムを投入するとGOOD！

ペールトーン
あわい雰囲気の色のこと。

ボーイッシュ
「少年っぽい」という意味で、一般的には「男の子っぽい女の子」をさす言葉。ファッションでは、キャップやジーンズなど、男の子をイメージするアイテムを中心にまとめたスタイルをさすこともあるよ。

ポップ
ファッションでは、「はっきりした色みの配色」や「ごちゃまぜの」という意味をもつよ。

ポップ・スタイル
あざやかなビビッドカラーを使った、カラフルで元気なイメージのスタイル。柄ものの服や小物をとり入れて、ハデめにまとめるとGOOD！

ボトムス
下半身に身につける服のこと。ジーンズやスカートなどをさすよ。

【ま行】

マリン
水兵をイメージした、海によく合うさわやかなスタイル。トリコロールやセーラートップスが定番アイテム！

ミリタリー
軍隊の制服をモチーフにしたカッコいいスタイル。カモフラ柄やアースカラーを使ってまとめるとGOOD！

メインカラー
コーデするとき、もっとも使う色のこと。メインカラーは、全体の半分以上使うことを心がけると、コーデがキレイにまとまるよ。

モチーフ
ファッションでは、柄やデザインのテーマになる形やものをさすよ。

モノトーン
一般的には、黒、白、グレーなどのこと。モノトーンコーデは、色みを入れずに、黒や白のみでまとめた着こなしだよ。

【ら行】

ライク
ファッション誌などでは、「○○のような」という意味で使われている。たとえば、ボーイズライクは「男の子のような」、レディライクは「貴婦人（上品な大人の女性）のような」という意味になるよ。

レース
糸をあんで、「すかし模様」をつくり、布状にしたもの。フリルとならんで、ガーリースタイルのマストアイテムだよ。

レトロ
1960年代に流行ったような、ちょっぴり昔風のスタイルのこと。柄ワンピやカラータイツをとり入れると◎。

ロック
ロック歌手をイメージするアイテムをとり入れたスタイルのこと。レザージャケットをはおったり、スカルやチェーンがついたアイテムを身につけるのがおすすめ！

【わ行】

Yライン
シルエットのひとつで、アルファベットの「Y」のような上半身にボリュームがあるラインのこと。

ファッションきほん用語辞典

『めちゃカワ!!
おしゃれパーフェクトBOOK』
新星出版社

キリトリ線